岩 波 文 庫

33-623-7

言 語 起 源 論

——旋律と音楽的模倣について——

ル ソ ー 著
増 田 真 訳

岩 波 書 店

ESSAI SUR L'ORIGINE DES LANGUES
OÙ IL EST PARLÉ DE LA MÉLODIE
ET DE L'IMITATION MUSICALE

Jean-Jacques Rousseau

凡例

本書はルソーの『言語起源論——旋律と音楽的模倣について』Jean-Jacques Rousseau, *Essai sur l'origine des langues où il est parlé de la mélodie et de l'imitation musicale* の全訳である。

底本にはガリマール社のプレヤッド双書版の全集 Jean-Jacques Rousseau, *Œuvres complètes*, sous la direction de Bernard Gagnebin et Marcel Raymond, Gallimard, «Bibliothèque de la Pléiade» 5 vol., 1959-1995 を使用した。その版は *O. C.* という記号で示し、巻号はローマ数字で記してある。

文中のパーレン（　）は原著者による補足、キッコー〔　〕は訳者による補足である。同様に、パーレン（　）内の数字は原注、キッコー〔　〕内の数字は訳注である。文中の傍点は原著のイタリック体に相当する。

序文草案〔1〕

第二の作品〔2〕も最初は不平等に関する論文〔3〕の断片にすぎず、私は長すぎて場違いなものとしてそれを削除した。私はラモー氏の音楽に関する誤謬〔4〕をきっかけにしてそれを再び書き始め、この題名は私が削除した二語を除けばそれが記載されている作品に適している。しかし一つの言語をようやく使えるかどうかという状態なのに諸言語について論ずる滑稽さに引き留められ、しかもこの作品にはあまり満足できず、公衆の注意を引くにはふさわしくないものとして削除してしまった。しかし文芸をたしなみ庇護する高名なある司法官〔5〕は私よりも好意的に判断してくれた。そこで私は、理解される通り、喜んで私の判断を彼の判断に従わせることにし、ほかの二つの著作〔6〕を利用して、単独だったらあえて出さなかったかも知れないこの作品を受け入れてもらおうとしている。

訳注

〔1〕 この序文の草案は一七六三年頃に書かれたものとされている。当時、ルソーは『演劇的模倣について』*De l'imitation théâtrale*、『言語起源論』、『エフライムのレビびと』*Le Lévite d'Éphraïm* を一冊にまとめて出版する計画をもっており、そのために書いた序文であるらしい。そのためプレヤッド版全集ではこの序文草案は三分割され、それぞれの文書の冒頭に掲載されており、それにならって本書でも『言語起源論』に関する部分のみを訳出した。しかしその出版計画は実現せず、『言語起源論』は死後出版になった。

〔2〕 前記注〔1〕に記されている三作品の合本のうち、『言語起源論』は二番目に収められるはずだった。

〔3〕 一七五五年に出版されたルソーの『人間不平等起源論』のこと。

〔4〕 一七五五年、ラモー〔一六八三―一七六四、フランスの作曲家、音楽理論家〕は『百科全書』における音楽に関する誤謬』を出版してルソーが執筆した項目をいくつか批判した。

〔5〕 マルゼルブ〔一七二一―一七九四、フランスの政治家〕のこと。

〔6〕 注〔1〕に挙がっている『演劇的模倣について』と『エフライムのレビびと』のこと。

目次

第一章　われわれの考えを伝えるための さまざまな方法について

ことばを話すことによって、人間はほかの動物から区別される。言語は諸国民を互いに区別する。ある人の出身地は、その人がことばを発してからでないとわからない。慣用と必要性によって、各人は自分の国の言語をおぼえる。しかしその言語がその国のものであり、ほかの国のものではないのはなぜなのか。それについて語るためには、地域に由来し、風俗にさえ先行する何らかの理由にまでさかのぼらなければならない。ことばは最初の社会制度なので、その形態は自然の原因にのみ由来する。

ある人が感受性と思考を持つ自分と同様の存在として別の人から認められたらすぐに、自分の感情と思考をその人に伝えようという欲望あるいは欲求によって、その方法を探し求めるようになった。それらの方法は感覚のみから引き出されうる、それがある人が別の人に影響を与えうる唯一の手段なのだから。こうして思考を表すための感知可能な記号が制定された。ことばの発明家たちはそのような考えをしなかったが、本能によってその結果を示唆された。

われわれが他者の感覚に影響を与えうる一般的な方法は二つだけ、つまり動作と声だけである。動作の作用は触覚を通じて直接的なものとなるか、そうでなければ身振りを通じて間接的なものとなる。前者〔動作の作用〕は腕の長さが限界となっているので遠くに伝えられないが、後者〔身振りの作用〕は視線と同じくらい遠くに達する。そのように、散らばった人々の間での言語の受動的な器官としては視覚と聴覚しか残らない。

身振りの言語も声の言語も自然なものであるが、前者はより簡単で、協約〔1〕に左右されることがより少ない。というのは、耳をとらえる事物よりも目を引く事物の方が多く、形は音よりも多様である。形はまた、より表現力があり、より少ない時間でより多くのことを言う。愛はデッサンを発明したと言われる。愛はことばも発明しえただろうが、デッサンほどうまくはいかなかっただろう。愛はことばにあまり満足せず、それをないがしろにし、より活発な表現の仕方を持っている。大喜びで恋人の影をなぞっていた人は何と多くのことを彼に言っていただろうか。棒のそのような動きを表

すために、彼女はどのような音を用いただろうか。〔2〕
われわれの身振りは、われわれの自然な不安以外何も表していない。私の言っているのはそのような身振りではない。話しながら盛んに身振りを交えるのはヨーロッパ人だけだ。まるで彼らの言語の力はすべて腕の中にあるかのようだ。彼らはさらに肺の力を加えるが、それはほとんど役に立たない。フランク人が大いに動き回り、多くのことばを言うために自分の体を苦しめたのち、トルコ人は口から一瞬パイプを離し、小声で二言発して、格言でフランク人を黙らせてしまう。
われわれは盛んに身振りを交えるのを覚えてから、パントマイムの芸を忘れてしまった。それは、多くの立派な文法書があってもわれわれはエジプト人たちの象形文字〔3〕を理解できなくなったのと同じ理由からだ。古代人たちが最も強く言っていたこと、彼らはそれをことばではなく記号によって表していたのだ。古代人たちはそれを言うのではなく、それを示していたのだ。
古代史をひもといてみれば、それがそのように目に論証するやり方で満ちていることがわかるだろう、そしてそれは、その代わりに置くことができたあらゆる言説よりも必ずより確実な効果をもたらす〔4〕。話す前に提示された事物は想像力を揺り動かし、好奇心をかき立て、何が言われるのかについて精神を未決定と待機の状態に保つ。イタリア人とプロヴァンス人において、普通は身振りが言説に先立つが、彼らはそのようにしてよりよく聞いてもらい、しかもより喜んで聞いてもらう方法を見いだす、ということに私は気づいた。しかし最も力強いことばづかいは、話す前に記号がすべてを言ってしまうような言い方である。ケシの頭を切り落とすタルクィヌス〔5〕やトラシュブロス〔6〕、寵臣《ちょうしん》の口に自分の印章を押し当てるアレクサンドロス〔7〕、ゼノン〔8〕の前を歩き回るディオゲネス〔9〕は、ことばをもってよりも巧みに話していたのではないだろうか。どんなことばの長い連なりが同じ観念を同じくらい巧みに表せただろうか。軍勢とともにスキタイに入り込んだダレイオス〔10〕は、スキタイ王から、カエル、鳥、ネズミと五本の矢を受け取った。伝令は黙って贈り物を渡し、立ち去った。この恐ろしい訓示は理解され、ダレイオスは大いに急いでかろうじて自国に帰った。この記号を手紙で置き換えてみれば、それが脅迫的であればあるほど怖くないだろう。大ほらにすぎなくなり、ダレイオスはそれを笑っただけだっただろう。

　エフライムのレビびとが妻の死の仇を取ろうとした時、彼はイスラエルの諸部族に手紙を書かなかった。彼は〔妻の〕遺体を十二の部分に切り分け、〔諸部族に〕送った。その恐ろしい光景を見て、〔十二部族は〕急いで武器を取り、声を一つにして〔以下のように〕叫んだ。「われわれの父祖がエジプトから出て以来今日まで、このようなことがイスラエルで起きたことはない。」そしてベニヤミンの部族は滅ぼされた。[1][11] こんにちだったら、事件は口頭弁論や議論になり、もしかしたら冗談にされ、延々と引き延ばされてこの上なく恐ろしい大罪が結局罰せられないままになっただろう。サウル王[12]は農耕から帰って同じように犂《すき》を引く牛たちを切り刻み、イスラエルがヤベシの町を救うために進軍するように、同様の記号を使った。ユダヤ人の預言者やギリシャ人の立法者たちはしばしば民に感知可能な事物を示し、長い弁舌でよりもそのような事物によってよりよく語りかけていた。そしてアテナイオス[13]が述べるところによれば、弁士ヒュペレイデス[14]が弁護のために一言も話さずに娼婦フリュネ[15]を無罪にした仕方は、あらゆる時代にもその効果が見られる沈黙の雄弁さの例である。

このように、人は耳よりも目に対してよりよく語りかけるものだ。この点についてホラーティウス[16]の判断の正しさを感じない人はいない。最も雄弁な弁舌は、最も多くのイメージを押し込んだものであることさえわかる。そして音は色の効果を持つ時ほど力強いことはない。

しかし心を感動させ情念を燃え上がらせなければならない時、事態はまったく異なる。くり返し感銘を与える言説の連続的な印象は、一目ですべてが見える物自体の存在より、はるかに人を感動させる。よく知られた苦痛の状況を想像すると、苦痛を受けた人を見ても泣くほど感動するのはむずかしい。しかしその人が自分の感じていることすべてを言う時間を与えれば、あなたはまもなく涙にくれるだろう。まさにこのようにして悲劇の場面はその効果をなす。(2) ことばなしの単なるパントマイムを見ても人はほとんど冷静なままだ。身振りなしで弁舌を聞いたら、泣き出すだろう。情念にはその身振りがあるが、その抑揚もあり、われわれを身震いさせるこの抑揚、われわれの器官〔＝耳〕を必ずとらえるその抑揚はその器官によって心の底まで入り込み、その抑揚を絞り出させる感情をわれわれの意に反して持ち込み、われわれに聞こえることをわれわれに感じさせるのだ。次のように結論づけよう。可視的な記号は、模倣をより正確にするが、関心は音によってよりよくかき立てられる、と。〔17〕

そのことから、われわれに身体的欲求しかなかったなら、われわれがことばを話すことが決してなく、身振りの言語だけで互いに理解し合えたということは大いにありうることだと考えられる。われわれは〔身体的欲求しかなかったら〕こんにちあるのとあまり違わないような社会、あるいはもっとうまく目的に向かうような社会を作りえただろう。われわれは法を制定し、指導者を選び、技芸を発明し、商業を確立すること、つまり一言で言えばことばの助けを得てしているのとほとんど同じくらい多くのことができるだろう。サラム(3)の書簡言語は最もよく警備されたハーレムにおいてさえ、嫉妬深い人たちを恐れることなく東洋的色事の秘密を伝える。トルコのスルタンの口のきけない従者たちは、記号によって言われることを、ことばによって言えるのと同じくらいよく、互いにわかり合い、理解する。ペレール氏(18)や、彼と同様に唖者にことばを教えるだけでなく、何を言っているのかもわからせようとしている人たちは、それ以前に同じくらい複雑な別の言語を教えざるをえず、それでもって唖者たちにもう一つの言語を理解させる。

シャルダン(19)によればインドでは競売人たちは互いに手を取り合い、だれにも見られない方法でその接触を変え、そのように公然としかし秘密裏に、一言も発することなく商売をする。その競売人たちは目が見えず耳が聞こえず唖者であると想定しても、彼らは互いに理解し合えるだろう。そのことによって、われわれが能動的である二つの感覚〔聴覚(声)と触覚(手)〕のうち、言語を作るのに一つだけでも足りることがわかる。

同じ考察によって、われわれの観念を伝える術の発明は、この伝達に役立つ器官よりも、人間独自の能力に依存しているようである。その能力によって人間はその目的のために器官を利用し、その器官がなかったら別の器官を用いるのである。人間にできるだけ粗雑な作りを与えてみよう。彼は獲得する観念が減少するだろう。しかし彼と同類の間で、一方が働きかけて他方が感じるような伝達手段がありさえすれば、彼らは結局、持てるだけの観念をすべて伝達し合えるだろう。

動物たちはこの伝達のために十分以上の体のつくりを持っているが、彼らのうちでそれを利用した者はいない。これは非常に特徴的な違いであるように思われる。動物たちのうちでビーバーやアリやミツバチのように共同作業と共同生活をする者たちは互いに伝達し合うために何らかの自然な言語を持っており、その点は疑わない。ビーバーの言語やアリの言語は身振りの中にあり、目にのみ話しかける、ということさえ考えられる。いずれにせよ、その言語のいずれも自然なものなので、後天的ではない。それを話す動物は生まれながらにしてそれを持ち、みなそれを持っており、どこでも同じである。彼らは決してそれを変えず、少しも進歩しない。協約による言語は人間だけのものである。それが、人間は良きにつけ悪しきにつけ進歩するが、動物はしない理由である。この区別だけでも多くのことが導き出せそうである。それは器官の違いによって説明されているらしい。その説明を見たいものだ。

原　注

（1）男ばかり六百人しか残らず、女も子供もいなかった。〔20〕

（2）私は別の文章で、なぜ偽の不幸は本当の不幸よりはるかにわれわれを感動させるか述べた。ある人は悲劇を見て嗚咽《おえつ》しても、不幸な人に憐《あわ》れみをもったことはない、ということもある。演劇の発明は、われわれがもっていないあらゆる美徳をもっていると、われわれの自尊心を高慢にするために見事なものだ。

（3）サラムとはオレンジ、リボン、炭等々のように無数のこの上なく平凡なものだが、それを送ることは、そのことばが使用されているその国ではすべての恋人たちに知られた一つの意味を形成する。

訳　注

〔1〕原語は convention で、取り決めや習慣によること、自然ではなく人為的なことを指す語としてルソーの作品ではよく使われる。

〔2〕 逸話はプリニウス『博物誌』第三十五編第四十三章第一節による。「やはり土を使うことによって、シキヨーネの陶工ブタデスは粘土で肖像を造形する術を初めて発見した。それはコリントスでのできごとで、彼のその発明は娘のおかげである。彼女はある若者に恋していたが、彼が外国に行くことになって、彼女はランタンの光によって壁に映った顔の影を線で囲んだ。父親はその素描の上に粘土を塗りつけて、浮き彫りにして、それを乾かしたのち、ほかの陶器と一緒に火で固めた。」(以下の仏訳による。Pline l'Ancien, *Histoire naturelle. Livre XXXV*. Texte établi, traduit et commenté par Jean-Michel Croisille, Les Belles Lettres, 1985, p. 101.)

〔3〕 エジプトの象形文字は十八世紀フランスでも大いに関心を呼び、たとえばコンディヤックの『人間認識起源論』でも言及されている。

〔4〕 この段落の内容と類似した論点が『エミール』第四編にも見られる。

〔5〕 前五三四―前五〇九、古代ローマ最後の国王。この逸話はティトゥス・リーウィウス『ローマ史』第一巻第五十四章による。リーウィウス『ローマ建国史』鈴木一州訳、岩波文庫(上)、一三五ページ。「その場を往きつ戻りつ王は黙ったまま、特に背の高い罌粟《けし》数本の頭を杖で打ち落としたという。」

〔6〕 紀元前七世紀のミレトスの僭主《せんしゅ》。ヘロドトスの『歴史』によれば、麦畑から飛び出している穂を切り落として、国家の中の有力者を排除する意志を示した。ヘロドトス『歴史』第五巻九二、松平千秋訳、岩波文庫(中)、二〇六ページ。

〔7〕 逸話は『プルタルコス英雄伝』「アレクサンドロス」三九。村川堅太郎編、ちくま学芸文庫(中)、五八ページ。「〔アレクサンドロスは〕ヘファイスティオンには一度だけいつものように開封された手紙を一緒に読むのを禁じなかったが、指環をはずしてヘファイスティオンの口に封印した。」

〔8〕 古代ギリシャの哲学者、前四九〇頃―前四四〇頃。

〔9〕 古代ギリシャの哲学者、前四一三頃―前三二三。運動の不可能性を主張した「ゼノンのパラドックス」に反論するため、ゼノンの前を歩き回ったとされる。

〔10〕 古代ペルシアの王、？―前四八六、在位前五二二―前四八六。この逸話はヘロドトス『歴史』第四巻一三二による。スキタイ王のメッセージは次のような内容とされる。「空を飛ぶために鳥になるか、地下に隠れるためにネズミになるか、沼に飛び込むためにカエルになるかしなければ、あなた方はこの矢によって滅びるだろう。」前掲訳(中)、八七ページ。

〔11〕 『旧約聖書』「士師記」第十九章―第二十一章。なお、ルソーは一七六二年、この逸話にもとづく小編『エフライムのレビびと』を書いている。

〔12〕 『旧約聖書』「サムエル記」上、第十一章。

〔13〕 二世紀頃のギリシャの弁論家、詩人。

〔14〕 古代ギリシャの弁論家、政治家、前三八九―前三二二。

〔15〕 前四世紀の高級娼婦。フリュネが訴えられた際、弁護を担当したヒュペレイデスは彼女の服を引き裂いて胸を裁判官に見せたという。モンテーニュの『エセー』第三巻第十二章に

も登場するが、そこではフリュネはみずから裸体を見せたと書かれている。(原二郎訳、岩波文庫(六)、一〇五ページ。)ルソーはモンテーニュからではなく、アテナイオスから引用しているらしい。

〔16〕 前六五―前八、古代ローマの詩人。記述はおそらく『詩論』第一八〇行―一八二行にもとづくもの。岡道男訳、岩波文庫、二四一ページ。

〔17〕 原語はaccentで、音の高低の変化のこと。古代以来の文法・修辞学用語で、ルソーの言語論・音楽論の中心的な概念の一つ。以下第四章などで詳述される。

〔18〕 ジャコブ＝ロドリグ・ペレール Jacob-Rodrigue Pereire(一七一五―一七八〇)はスペイン出身で、フランスにおけるろうあ者教育の開拓者の一人。

〔19〕 ジャン・シャルダン(一六四三―一七一三)、フランスの商人、旅行家。一六八六年、『ペルシャ・東インド旅行記』を出版。

〔20〕 『演劇について――ダランベールへの手紙――』今野一雄訳、岩波文庫、五四―五五ページ。

第二章　ことばの最初の発明は欲求に由来するのではなく、情念に由来するということ

それ故、欲求が最初の身振りを語らせ、情念が最初の声を引き出した、と考えるべきである。この区別とともに事実の跡をたどれば、今までなされてきたのとはまったく別の仕方で諸言語の起源について論じなければならないかも知れない。われわれに知られている最も古い言語であるオリエント〔1〕の諸言語の精髄は、その形成において想像される学術的な歩みとは相いれない。それらの言語は、方法的で理論的なものが何もない。その諸言語は、生き生きとしていて比喩に富んでいる。最初の人間の言語を幾何学者の言語のようなものとする人がいるが、詩人の言語だったことがわかる。

それはそうであったにちがいない。人はまず考えたのではなく、まず感じたのだ。人間はその欲求を表現するためにことばを発明したと主張する人がいる。この意見は支持できないように思われる。最初の欲求の自然な効果は、人々を近づけることでは

なく、遠ざけることだった。種〔人類〕が広まり、すばやく地球全体に人が住むようになるにはそうでなければならなかった。〔2〕そうでなければ、人類は地球の一隅に寄せ集まり、残り全体が荒野のままだっただろう。

このことだけからでも、諸言語の起源は人間の最初の欲求に由来するのではないことが自明となる。人間たちを遠ざける原因から彼らを集める手段が生ずるというのは不条理だろう。ではこの起源はどこから来るのだろうか。精神的な欲求、情念からである。生きる必要によって互いに避け合う人間たちを、すべての情念が近づける。人間たちから最初の声を引き出したのは、飢えでも渇きでもなく、愛、憎しみ、憐憫《れんびん》の情、怒りである。果物はわれわれの手から逃げず、話さずにそれを食べることができるだろう。人はごちそうにしたい獲物を静かに追う。しかし若い心を感動させたり、不正な攻撃者を追い返したりするためには、自然は抑揚や声や嘆きで語らせる。そうして最初のことばができ、そうして最初の諸言語は簡潔で方法的なものではなく、歌うような情熱的なものとなったのである。区別なしにすべてが正しいわけではないが、以下で再度論ずることにする。

訳　注

〔1〕　ここでいう「オリエント」とは、古代の地中海世界東部、すなわち中近東を指す。

〔2〕　『エミール』第四編でも身体的欲求は人間の集合の契機ではなく、離散の契機とされている。「身体的欲求だけを考えればそれは人間を近づけるのではなく、離散させるはずだ。」*O. C.* IV, p. 600.

第三章　最初の言語は比喩的なものだったにちがいないということ

人間がことばを話す最初の動機となったのは情念だったので、人間の最初の表現は文彩だった。〔1〕比喩的なことばづかいは最初に生まれ、本来の意味は最後に見いだされた。事物は、人々がその真の姿でそれを見てから、初めて本当の名前で呼ばれた。人々はまず詩でしか話さなかった。理論的に話すことが考えられたのはかなり後のことである。

ところがここで読者から次のような質問で遮られるだろう。ある表現が本来の意味を持つ前に比喩的なものでありうるだろうか、比喩は意味の転用にすぎないのだから。その点は認める。しかし私を理解するためには、情念によって提示される観念を、われわれが転用する語に対して置き換えなければならない。というのは、語が移し替えられるのは観念も移し替えられるからで、そうでなければ比喩的な言語は何も意味しないだろう。例によって〔この疑問に〕答えよう。

野生人は別の野生人に出会ったらまず恐怖に陥るだろう。恐怖によってその人たちが自分より大きく強いように思えただろう。そこで彼は彼らを巨人と名づけた。多くの経験の後、彼は、自分が巨人と名づけた者たちが自分より大きくも強くもないことを認め、彼らの体格は巨人という語に最初に結びつけた観念にまったく適さないことを認めた。そこで野生人は彼らと彼に共通の名前、たとえば人間を発明し、巨人という名前は幻想の間彼に印象を与えた間違った対象のために残しておいた。こうして情念がわれわれの目をくらませ、情念によって与えられる最初の観念が真理のものではないとき、比喩的な語は本来の〔意味の〕語よりも先に誕生する。私が語や名前について言ったことは、言い回しについても何の問題もない。情念によって提示された幻想のイメージは最初に示されるので、それに対応する言語も最初に発明された。精神が啓蒙されその最初の間違いを認め、誤りを生み出したのと同じ情念でのみそれらの表現を使うようになり、その言語はそれから比喩的なものになった。[2]

訳注

〔1〕 比喩的表現が情念の表現とされるのは修辞学の伝統ではよく見られることである、たとえば、ベルナール・ラミの『修辞学または話す技術』*La Rhétorique ou l'Art de parler* 第二巻第七章を参照のこと。（ラミについては次章の訳注〔1〕を参照のこと。）

〔2〕 比喩的表現の起源は十八世紀フランスの言語論ではしばしば議論された問題である。ルソーはその問題を踏襲しつつ独自の意見を展開している。同時代人の多くは本来の意味が先にできて、語彙《ごい》が増加する過程で比喩的表現ができたと推定する場合が多い。抽象観念はその例として挙げられ、それは「語の濫用」であったとされた。そして宗教的道徳的観念の多くはそのような「語の濫用」の結果として生まれたものであり、「息」という語から「魂」という語が生まれたことなどが例とされた。このように十八世紀の言語論、特に比喩的表現の起源に関する議論は唯名論的傾向が強く、反キリスト教思想や反宗教思想に援用されることが多かった。ルソーはここで比喩的表現の起源に関する議論の一部を踏まえつつ、まったく正反対の立場を打ち出していると見ることができる。そのような問題は以下の拙論においてすでに論じた。M. Masuda, «Métaphores et notions morales. Rousseau contre la théorie sensualiste de l'origine du langage», *Etudes Jean-Jacques Rousseau* n° 16, 2005–2006, pp. 53–72.

第四章　最初の言語の特徴的性質、およびその言語がこうむったはずの変化について

単なる音は自然にのどから出て、口は自然に多かれ少なかれ開いている。しかし分節のもととなる舌と口蓋《こうがい》の変化には注意と訓練が必要である。それらの変化はしようと思わなければできず、子供たちはそれを習う必要があり、簡単にできない子供も何人もいる。すべての言語において、最も強烈な感嘆は分節されていない。叫びやうめきは単なる声である。唖者すなわち耳の不自由な人は分節されていない音を出すだけだ。ラミ神父〔1〕は、神が人間にことばを話すことをわざわざ教えていなければ、ほかの音を発明できたとは考えられない、とさえ述べている。分節は数が少なく、音は無数にあり、音を特徴づける抑揚は無限に増加しうる。音楽の音符はすべて抑揚である。たしかにわれわれのことばでは三つか四つしかないが、中国語ではより多い。逆に中国語では子音が少ない。この組み合わせのもとに、拍子あるいは音の長さの組み合わ

せを加えれば、より多くの語が得られるばかりでなく、この上なく豊かな言語が必要としているよりも多様化された音節が得られるだろう。

語彙と統語法は別として、最初の言語はまだ存在していたなら、ほかのすべての言語から区別されるような独特の特徴を保っていたのではないか、と私は疑わない。その言語のすべての言い回しはイメージ、感情、文彩からなっていたにちがいないだけでなく、その機械的な部分[2]においてもその言語はその原初的な目的に対応し、みずからを伝えようとする情念のほとんど避けられない印象を、感覚にも知性にも提示していたにちがいない。

自然の声は分節されないので、〔そのような原初的な言語の〕語は分節が少ないだろう。間に置かれたいくつかの子音は、それによって母音の衝突が解消され、母音が流暢《りゅうちょう》で発音しやすくなるのに十分だろう。逆に音は非常に多様で、抑揚の多様性によって同じ声が何倍にも増すだろう[3]。音長やリズムが別の組み合わせのもとになるだろう。つまり自然のものである声、音、抑揚、諧調は、協約によるもの〔＝人為的、制度的なもの〕である分節が働く余地をあまり残さず、人は話すというよりは歌うようなものになるだろう[4]。語根となる語はたいてい模倣的な音で、情念の抑揚か、感知可能な事物の効果〔の模倣〕であるだろう。〔そのような原初的な言語では〕擬音語がたえず感じられるだろう。

この言語は、異なる関係によって同じ存在を表現するために多くの同義語をもつだろう。(1)〔その言語は〕その同じ関係を表現するための副詞と抽象語は少ししかないだろう。長文に韻律を与え、文に丸みを帯びさせるために、拡大辞や指小辞や複合語や虚辞が多いだろう。不規則性や変則が多いだろう。文法的類推を無視して好音調、律動、諧調そして音の美しさを重視するだろう。論拠の代わりに格言があり、説得することなく納得させ、(5)理屈に頼らずに描くだろう。それはある観点から中国語に似ており、別の観点からはギリシャ語に、さらに別の観点からはアラビア語に似ているだろう。これらの考えを、その枝において拡げてみれば、プラトンの『クラテュロス』(6)は見かけほど滑稽ではないことがわかるだろう。

原　注

(1)　アラビア語にはラクダを表す異なった語が千以上あり、剣を表す語が百以上あると言われている。

訳注

〔1〕ベルナール・ラミ Bernard Lamy、一六四〇—一七一五。フランスの聖職者、数学者、哲学者。ここで言及されているのは『修辞学または話す技術』という著作の第三巻第一章。一六七五年に出版され、十八世紀まで二十回ほど再版されている。

〔2〕「機械的な部分」とは感覚で感知できる部分、すなわち特に音声のこと。十七、八世紀のフランスの言語論では、言語によって表されること(意味、統辞法)を「形而上学的部分」、音声や表記など感知できる部分を「機械的部分」と分けていた。

〔3〕ここで「音」の原語は son だが、ルソーはこの語に言語学的な意味だけでなく、音楽的な意味(つまり音程の高低をもった音《おん》)をもたせて使っているらしい。

〔4〕声 voix と母音 voyelle を同一視して子音 consonne や分節 articulation と対立させるのは、当時のフランス語論や言語論でよく見られる図式だが、声や母音を自然、子音や分節を人為とするのはルソー独自の論法のようである。

〔5〕『社会契約論』第二編第七章「立法者について」にも類似の表現が見られる。(O. C. III, p. 383.)

〔6〕『クラテュロス』はプラトンの対話篇の一つで、語の由来や指示対象との関係などが議論されている。

第五章　文字表記について

諸言語の歴史と進歩を学べばだれでも、声〔母音〕が単調になればなるほど子音が増え、消えゆく抑揚や平均化する長短に対して、文法的な組み合わせや新たな分節をもって補われることがわかるだろう。しかしそのような変化が生じるには時間がかかる。欲求が増え用件が複雑になり、知識が広まっていくにつれて言語の性格が変わっていく。それはより正確になるが情熱的でなくなる。感情に対して観念が置き換わり、もはや心にではなく理性に語るようになる。そのこと自体によって抑揚は消え分節が広まり、言語はより正確でより明晰《めいせき》になるが、よりだらだらとして無声で冷たくなる。この進歩はまったく自然であるように思われる。

諸言語を比較してその古さを判断する別の仕方は文字表記から得られ、しかもこの術〔文字表記〕の完成度と反比例している。文字表記が粗野であればあるほどその言語は古い。書き方の最初のものは音ではなく物自体を描くことであり、それはメキシコ人たちがしていたように直接描くか、昔エジプト人たちがしていたように、寓意的な図像によるかである。この状態は情熱的な言語に対応しており、すでに何らかの社会や情念によって生じた欲求を思わせる。

第二の方法は、協約による文字で語や節を表すことであり、それは言語がすっかり形成され、一つの国民全体が共通の法によって統一されていないとできない。というのはここでは二重の協約があるからだ。中国人の文字表記もそのようなものだ。それはまさに音を描き、目に語りかけることだ。

第三の方法は話す声を、いくつかの基本的な部分に分離することだ。その部分は声であっても分節であってもいいが、考えられるすべての語と音節をそれで作ることができるようなものだ。その書き方、それはわれわれのものであるが、商業民によって考えられたにちがいない。彼らはいくつもの国々を旅し、いくつもの言語を話さざるをえず、すべての言語に共通の文字を発明することを余儀なくされた。これはまさにことばを描くことではなく、ことばを分析することだ。

以上の三つの書き方は国民としてまとまっている人間を考察する際の三つの状態に比較的正確に対応している。事物の描写は野生人に適しており、語や節の記号は野蛮な国民に、アルファベットは文明化された国民に適している。

それ故この最後の発明〔アルファベット〕はそれを発明した国民が非常に古いことの証拠だと考えてはならない。逆にそれを見いだした国民は別の言語を話す別の国民と伝達を簡単にすることをめざしていたことは大いにありうる。少なくともその別の国民は同時代のもので、その国民より古いものでもありえた。ほかの二つの書き方については同じことは言えない。しかしながら、歴史と知られた事実に限れば、アルファベットによる書き方はほかのどの書き方とも同じくらい古くさかのぼるようだと認めよう。しかしまだ文字が書かれなかった時代について遺物が足りないのは驚くべきことではない。

ことばを基本的な記号に還元することを考えた最初の人たちがまず正確な分割をしたとはあまり思えない。自分たちの分析の不十分さに気づいた時、ある者たちはギリシャ人たちのように自分たちのアルファベットの文字を増やし、別の者たちは異なる位置や組み合わせによって意味あるいは音を変化させることで満足した。チェルミナール〔＝チェヒル・ミナール、ペルセポリスのペルシャ語名〕の廃墟の表記はそのように書かれているようで、シャルダンはその拓本を写し取ってくれた。そこには二種類の文字(1)

しか見られないが、大きさはさまざまであり、異なる方向に置かれている。未知のものでほとんど恐ろしいくらい古いこの言語は、それでもできあがっていたにちがいない。文字の美しさ(2)やその表記が見られるすばらしい遺跡が告げる技芸の完成度からすればそうである。この驚くべき廃墟についてなぜ語られることがかくも少ないのか、私は知らない。シャルダンの著作でその描写を読むと、私は別世界に送り込まれたように思ってしまう。これは大いに考えるべきことであるように思える。

文字を書く術は話す術に由来するわけでは決してない。文字を書く術は別種の欲求に由来し、それは状況によって遅かれ早かれ生まれ、その状況は諸国民の存続期間とは無縁のもので非常に古い国民においても生じないことがありうるものだ。象形文字の術が何世紀の間エジプト人の唯一の文字だったか知られていないし、そのような文字表記は文明化された国民にも足りうるもので、それはさらに不便な文字表記をもっていたメキシコ人の例によって証明されている。

コプト語のアルファベットとシリア語あるいはフェニキア語のアルファベットを比べれば、一方が他方から来ていることは簡単にわかる。そして後者が起源であることも、より新しい国民がこの点でより古い国民に教えたということも驚くべきことではない。ギリシャ語のアルファベットがフェニキア語のアルファベットから来ていることも明らかである。そうであるにちがいないことさえわかる。カドモス(1)か別の人がフェニキアからそれをもたらしたにせよ、ギリシャ人はそれを求めにいったわけではなくフェニキア人がみずからもってきたこともたしかなようだ。というのは、アジアとアフリカの諸国民のうち、フェニキア人はヨーロッパで商売をした最初でほとんど唯一の国民(3)であり、ギリシャ人が彼らのところに行ったというよりは、彼らがギリシャ人のところに来たのだ。そのことは、ギリシャ国民がフェニキア国民ほど古くないことの証拠にはまったくならない。

　最初、ギリシャ人はフェニキア人の文字だけでなく、彼らの行の方向、つまり右から左をも採用した。それから彼らは畝溝《うねみぞ》のように書くことを考えた、つまり左から右へ、そして右から左へと交互に反転するのだった(4)。そして結局ギリシャ人はわれわれがこんにちしているように、すべての行を左から右へと始める仕方で書くようになった。この進歩はまったく自然なものである。というのは、畝溝のような書き方は、もちろん読むのに最も便利なものだ。その方式が印刷術とともに定着しなかったことに驚きさえしている、しかし手で書くのがむずかしいので、手稿が増えてすたれたにちがいない。

しかしギリシャ語のアルファベットがフェニキア語に由来するからといって、ギリシャ語がフェニキア語に由来するということにはならない。これらの命題のうち、一方が他方に左右されるわけではなく、ギリシャ語はすでにとても古く、書く術は新しく、ギリシャ人の間で未完のものでさえあったようである。トロイアの包囲戦まで、彼らが文字を有していたとしても、十六文字しかなかった。パラメデス〔2〕が四文字つけ加え、シモニデス〔3〕が残りの四文字を加えたと言われている。以上のことはやや古いことに依拠している。逆により新しい言語であるラテン語にはほとんど誕生の時から完全なアルファベットが備わっていたが、初期のローマ人はほとんどそれを使わなかった。彼らはかなり後代になって自分たちの歴史を書き始め、五年ごとの人口調査はクギで記されるだけだったのだから。

もっとも、文字またはことばの要素に絶対的に限定された数量があるわけではない。言語によって、そして声〔母音〕や子音に与えるさまざまな変化によって、数の多少に変化がある。母音を五つしか数えない人たちは非常に間違っている。ギリシャ人は七つ書いており、初期のローマ人たちは六つ（5）、ポール＝ロワイヤルの方々〔4〕は十、デュクロ氏〔5〕は十七としている。そして習慣によって耳がより敏感になり、母音がこうむりうるさまざまな変化に口がもっと慣れれば、もっと多くの母音が見つかることを私は疑わない。器官の敏感さに応じて、鋭いaと鈍いoの間、iと開音のeの間で見つかる変化は多かったり少なかったりするだろう。それは、連続的で微妙な変化のある声で、ある母音から別の母音へと移っていけば、だれでも経験できることだ。というのはその微妙な変化を固定することは多かれ少なかれできるし、それを特殊な文字で記すこともできる。それは慣用によってそれに敏感になった度合いによるし、その習慣は言語で使われている声〔母音〕の種類に左右され、器官はしらずしらずその声に慣れていく。同じことが分節された文字または子音についてほぼ言える。しかしたいていの国民はそのようにしなかった。諸国民は互いにアルファベットを取り合い、非常に異なった声〔母音〕や分節を同じ文字で表した。そのため、正字法がいくら正確でも、自分の言語以外の言語は常にこっけいな読み方をしてしまう、そのことに非常に訓練されていれば別だが。

文字表記は言語を固定するはずのものと思われるがまさに言語を変質させるものだ。文字表記は言語の語ではなくその精髄を変えてしまう。文字表記は表現を正確さに置き換えてしまう。人は話す時には感情を表し、書く時には観念を表すものだ。書く時には、すべての語を普通の意味で使わざるをえない。しかし話をする人は調子によって意味を変え、意味を好きなように決めるのだ。明晰であるための障害がより少ないので、彼は力により多くのものを与える。そして、書かれる言語は話されるだけの言語の生き生きとした性格を長く保つことは不可能だ。人は声〔母音〕を書くが音《おん》は書かない。ところが抑揚のある言語では言語の力強さの大半をもたらすのはあらゆる種類の音《おん》、抑揚、高低である。そしてまさにそれが、普通の文を、その場だけに適したものにするのだ。この方法を代補するために取られる方法は書かれた言語を引き延ばし、本から弁舌へと移り、ことばそれ自体の力を弱めてしまう。(6) まるで書くように話せば、話をしながら読んでいるだけになってしまう。

原注

(1) シャルダンは次のように言っている。「二つの図形でこれほど多くの文字ができることに驚く人がいる。しかし私としてはそれほど驚くべきことは見当たらない、というのは、われわれのアルファベットの文字は二十三あるが、二つの線、つまり直線と円でできているだけだ。つまりCとIだけで、われわれの語を構成するすべての文字ができる。」

(2)「この文字は非常に美しいように思え、混乱した点や野蛮な点がまったく見られない。この文字は金箔が施されていたようだ。というのは、まだ金が見える文字が特に大文字でいくつか見られる。そして空気がかくも長い年月の間、この金箔をむしばまなかったのはたしかに何かすばらしく想像を絶することだ。もっとも世界のすべての学者がこの文字表記をまったく理解できなかったのは驚くべきことではない、われわれに知られているいかなる文字表記とも似ていないのだから。それに対して中国語を除けば、今日知られているすべての文字表記は互いに大いに似ており、同じ源泉に由来するように思える。このことで最も驚くべきなのは、古代ペルシャ人の末裔であるゾロアスター教徒たちは宗教を保ち存続させているが、この文字をわれわれよりもよく知っているわけではないばかりか、彼らの文字もわれわれの文字同様、それとはまったく似ていない。そのことから以下のように言える。〔一つの可能性としては〕魔術の文字であるということだが、それはありそうもない。というのはこの文字はこの建物のいたるところで共通で自然に見られ、同じノミで刻まれたのはほかにないのだから。〔あるいは別の可能性として〕その文字は非常に古く、ほとんど言い表せないほどである。」実際、このくだりにおいて、キュロス王[6]や〔ゾロアスター教の〕占星術士たちの時代には、この文字はすでに忘れ去られ、今日同様未知のものとなっていたとシャルダンは推測させる。

（3） 私はカルタゴ人もフェニキア人に含める、カルタゴはティルスの植民地だったのだから。[7]

（4） パウサニアス『アルカディア誌』を見よ。[8] ラテン人〔古代ローマ人〕も初めは同様な書き方をした。そしてマリウス・ウィクトリヌスによれば、ウェルスス versus〔詩行／対〕もこのことに由来する。

（5） 「ギリシャ語では母音は七つで、ロムルスは六つとしている。しかしyはギリシャのものとして排除されたので、後代では慣用によって五つしか挙げられない。」マルチアヌス・カペッラ『フィロロギアとメルクリウスの結婚』第三巻。[9]

（6） これらの方法のうちでこの欠点のないものは句読法であろう、もしそれがより完全な形で残されていたのならだが。たとえば、なぜ頓呼符がないのだろうか。実在する疑問符はそれほど必要ではなかった。というのは、少なくともわれわれの言語では、構文だけで疑問を発しているかいないかわかる。「あなたは来るか」と「あなたは来る」は同じものではない。しかし書かれた文では、名前を挙げられる人と呼びかけられる人をどのように区別すればいいのだろうか。頓呼符があれば少なくともこのようなあいまいさは取り除かれただろう。抑揚によって皮肉が感じられない場合、皮肉においても同様のあいまいさが見られる。

訳注

〔1〕 カドモスはギリシャ神話に登場する人物で、テーバイの創建者とされる。フェニキアより渡来して文字をもたらしたことはヘロドトス『歴史』第五巻五八に記載されている。前掲訳(中)、一七五ページ。

〔2〕 トロイア戦争のギリシャ側の国王の一人。

〔3〕 前五五六―前四六七、古代ギリシャの詩人。

〔4〕 いわゆる『ポール＝ロワイヤル文法』の著者たち、すなわちアントワーヌ・アルノー Antoine Arnauld とクロード・ランスロ Claude Lancelot のこと。

〔5〕 シャルル・ピノ・デュクロ Charles Pinot Duclos、一七〇四―一七七二、フランスの作家、歴史家。『ポール＝ロワイヤル文法』の注釈書『ポール＝ロワイヤル文法評注』(一七五四)を著した。

〔6〕 アケメネス朝ペルシャの王、在位前五五九頃―前五三〇。

〔7〕 二世紀ギリシャの旅行家で地理学者。一一五頃―一八〇頃。

〔8〕 四世紀のローマの文法家。ラミの『修辞学』第一巻十九章に次の記述がある。「パウサニアスによればギリシャ人たちは右から左に書いていた、彼らが文字表記を習ったのはヘブライ人からである証拠だ。」この記述の脚注によれば、典拠はパウサニアス『ギリシャ誌』第五巻第十七章第六節。

〔9〕 マルチアヌス・カペッラは五世紀の著述家。引用はラテン語、和訳はフランス語からの重訳。

第六章　ホメロスが文字を書けた可能性が高いかどうか

　ギリシャ語のアルファベットの発明について人が何と言おうと、私はそれが考えられているよりもはるかに新しいものと思う、そしてこの考えは主として言語の性格に基づいている。ホメロスが文字を書けたかどうか、だけでなく、彼の時代に人が文字を書いたかどうかということさえ私はしばしば疑った。この疑いが『イリアス』におけるベレロポンテスの物語[1]によってまったく打ち消されているのは大いに悔しい。不幸にも、私はアルドワン神父[2]同様自分の逆説に少しこだわるところがあるので、もっと知識があれば自分の疑いをこの物語自体にも広めて、あまり検討もせずにそれがホメロスの編纂《へんさん》者たちによって加筆されたものだと主張したくなるだろう。『イリアス』のほかの部分ではこの〔文字を書く〕術の痕跡があまり見られないだけでなく、『オデュッセイア』全体が、一つか二つの書簡があれば雲散霧消したようなばかばかしさや愚行に満ちており、逆に、人物たちが文字を書けなかったと想定すればこの詩は理屈の通ったもの、しかもかなりうまく組み立てられたものとすることができる。『イリアス』が書かれたのなら、それが歌われることははるかに少なかっただろうし、吟遊詩人たちは求められることも少なく、それほど増えなかっただろう。ヴェネチアにおけるタッソー[3]以外、これほど歌われた詩人はほかにいない、しかも〔タッソーの場合は〕あまり本を読まないゴンドラの船頭たちによって〔歌われたの〕だ。ホメロスによって使われた方言の多様性も非常に強力な先入観となる。ことばによって区別される方言は、文字表記によって接近し混ざり合い、すべてが少しずつ共通のモデルにいたる。ある国民が本を読んで勉学すればするほど、その方言は消え、民衆の間で訛《なま》りの形でしか残らない。民衆はあまり本を読まず、まったく書かないから。

ところでこの二つの詩はトロイアの包囲戦よりも後のものなので、その包囲戦を行ったギリシャ人が文字を知っていて、それを歌った詩人が知らなかったということはほとんど考えられない。この詩は長いこと、人々の記憶の中だけに書かれたままだった。かなり後になって、多くの苦労の末に書かれた形に編纂されたのだ。ギリシャで本と書かれた詩が増えてから、比較してホメロスの詩の魅力が感じられるようになった。ほかの詩人たちは書いたが、ホメロスだけが歌い、人々はその神々しい歌をうっとりと聞くのをやめなかった。自分たちに感じられないことをおこがましくも判断しようという野蛮人たちにヨーロッパが覆われるまではそうだった。〔4〕

訳注

〔1〕 ホメロス『イリアス』第六歌、松平千秋訳、岩波文庫(上)、一九〇―一九一ページ。

〔2〕 ジャン・アルドワン Jean Hardouin、一六四六―一七二九、フランスの学者。古代の著作の真正性を否定し、それらがたいてい中世に書かれたものだと主張した。

〔3〕 トルクァート・タッソー Torquato Tasso、十六世紀イタリアの詩人、一五四四―一五九五。

〔4〕 ここで「野蛮人」と形容されているのは言うまでもなくゲルマン諸民族とその末裔。「自分たちに感じられないことを判断しようとする」というのは、十七世紀末から十八世紀にかけて盛んだった新旧論争(古代の文化と近代の文化のいずれが優れているか、という論争)を踏まえている。

第七章　近代の韻律法について

われわれには、声〔母音〕によってと同様に音《おん》によって話す、響きがあって諧調に富んだ言語という観念がまったくない。アクサン記号によって抑揚《アクサン》の代補としようとするのは間違いだ。抑揚《アクサン》が失われて初めてアクサン記号が発明されるのだ(1)。それだけではない。われわれはわれわれの言語に抑揚《アクサン》があると思っているが、まったくないのだ。われわれの言うところのアクサンは母音か長さの記号にすぎない。それらはいかなる音《おん》の違いも示さない。その証拠は、そのアクサンがすべて、異なる音長か、声〔母音〕の多様性を作り出す唇、舌、口蓋の変形によって表され、音《おん》の多様性を作り出す声門の変形によって表されるのは一つもない、ということだ。たとえばアクサン・シルコンフレックスは単なる声〔母音〕ではない時、それは長母音であるか、何ものでもないかのいずれかだ。次に、それがギリシャではどうだったか見てみよう。

「ハリカルナッソスのディオニュシオス〔1〕は、高音の抑揚〔アクサンテギュ〕における音調の上昇と低音の抑揚〔アクサングラーヴ〕における下降は五度だったと言っている。そのように、韻律の抑揚は音楽的なものでもあった。〔アクサン〕シルコンフレックスでは、声は五度上昇した後に同じ音節でまた五度下降していたので特にそうだった。[2]」このくだりや関連する事柄から、デュクロ氏がフランス語には音楽的な抑揚はなく、韻律の抑揚と母音アクサン〔母音の違いを示すアクサン記号〕しか認めていないことがわかる。それに正字法アクサンが加わり、それは声〔母音〕も音《おん》も音長も変えないが、あるときは〔アクサン〕シルコンフレックスのように廃止された文字を示すことがあり、あるときは一音節語のあいまいな意味を明示することもある。たとえば場所の副詞 où と分離の小辞 ou、冠詞の à と動詞として使われた同じ a、を区別するアクサングラーヴと言われるものである。このアクサンはその一音節語を見た目でだけ区別し、発音では区別するものがない。[3] このようにフランス人が一般的に採用したアクサンの定義は、彼らの言語のアクサンのいずれにも適さない。

　フランスの文法学者のうちの何人もが、アクサンは声の上昇あるいは下降をしるすという先入観をいだいているため、ここでも逆説だと非難されることが予想できる。実験に十分な注意を払わなかったため、口の開き方や舌の位置を変えただけで表しているそのアクサンを、声門の変化によって表していると思うだろう。しかし実験を確認して私の証拠を異論のないものとするために、以下のことを言っておきたい。

ある楽器の同音を声で正確に出してみるがいい、そして集められる限り最も多様な抑揚《アクサン》をもったフランス語の語を続けざまにその同音上で発音してみるがいい。ここでは弁論の抑揚《アクサン》が問題となっているわけではなく、文法上の抑揚だけの問題なので、それらの語に一貫した意味がある必要さえない。そのように話せば、自分の声の調子を自由に変えながら発音している時と同じくらい明瞭にはっきりとすべてのアクサンをその同音上で発音していることを観察してほしい。この事実は異論の余地がなく、これを前提とすれば、すべてのアクサンが同じ調子で表されるのだから、それらは異なる音《おん》を記しているわけではない。これに対していかなる反論が可能かわからない。

いかなる言語でも、同じことばの上にいくつもの音楽の節《ふし》を乗せられるようなものは、決まった音楽的抑揚がない。抑揚が決まっていたなら、節《ふし》も決まるだろう。歌が恣意的であれば、抑揚がまったく配慮されなくなる。

ヨーロッパの近代語は多くの場合、同様である。私はイタリア語さえ例外としない。イタリア語もフランス語もそれ自体では音楽的な言語ではない。違いは、イタリア語

が音楽に適し、もう一方は適さないということにある。〔2〕

以上のことから以下の原理が確認される。自然な進歩によって、文字表記される諸言語は性格が変化し、明晰さを獲得する一方で力を失うということ、文法と論理を完全にしようと執着すればするほどこの進歩を加速させるということ、早くある言語を冷たく単調なものにするには、それを話す国民のうちにアカデミーを創設しさえすればいい、ということである。

正字法と発音の違いによって派生的な言語を見分けることができる。言語が古く根源的なものであればあるほど、発音の仕方における恣意性は少なく、それ故、その発音を規定するための文字の複雑化も少なかった。デュクロ氏は次のように書いている。「古代人たちの韻律記号は、その用法がはっきり決まっていたとしても、その用法にまだ値しなかったのだ。」私はさらに次のように言いたい。その記号は用法に取って代わったのだ、と。古代のヘブライ人たちは点もアクサンもなく母音さえなかった。ほかの諸国民がヘブライ語を話したがりユダヤ人たちがほかの言語を話したので、彼らの言語〔ヘブライ語〕はその抑揚を失った。その抑揚を調整するために点や記号が必要になり、そのことは言語の発音よりも語の意味を回復させた。今日のユダヤ人がヘブライ語を話しても、祖先たちに理解されないだろう。

英語を知るためにはそれを二度学ばなければならない、一度目はそれを読むために、さらにもう一度は話すために。もしイギリス人が音読して外国人が彼の読んでいる本に目をやれば、外国人は見ているものと聞いているものの間にいかなる関係も見いだせないだろう。なぜだろうか。イギリスはさまざまな国民によって次々と征服され、語は常に同じように書かれたのに発音の仕方はしばしば変わったからだ。文字表記の意味を規定する記号と発音を定める記号の間には大きな違いがある。子音だけで、文字上はとても明晰だが話せない言語を作るのは簡単だろう。代数はそのような言語に似たところがある。ある言語が、発音によってよりも正字法によって明晰な場合、それはその言語が話されるよりも書かれるものだというしるしである。エジプト人の学者の言語がそうだったかも知れない。われわれにとって死語がそうだ。無用な子音を増やす言語では文字表記は音声言語に先だったかのようにさえ見える。ポーランド語がそうだと思わない人はいるだろうか。そうだとしたら、ポーランド語はあらゆる諸言語の中で最も冷たいものであるにちがいない。

原注

(1) 何人かの学者[3]は通説に反して、そして古代のすべての写本から引き出された証拠に反して、ギリシャ人たちがアクサンと呼ばれる記号を知っており、文字表記において実際に使ったと主張しており、彼らは二つのくだりをこの主張の基礎としている。読者がその真の意味を判断できるよう、その両方を以下に転記する。

以下はその一つ目で、キケロ[4]の弁論家についての本第三巻注四四である。

「この綿密な仕事の後、さらにリズムと文章の諧調ある言い回しが来る。カトゥルスよ、君にとっては幼稚なことに見えるのではないかと心配だ。詩行に類似した何か、つまり韻律のようなものが、古代の師たちによれば、われわれが論じている種類の散文にも見られなければならなかった。呼吸や息切れあるいは句読法の記号によって規定されたのではなく語や観念において遵守すべき韻律によって規定された休止符が、彼らによればわれわれの弁舌に不可欠だった。その弟子ナウクラテスによれば、耳を喜ばせるために、それまで規則のなかった散文をあるリズムに従わせる規則を初めて打ち立てたのはイソクラテス[5]だった。実際、音楽家たちは昔は詩人でもあったが、人に気に入られるために詩行と歌という二つの方法を発明した。それは語のリズムと音の諧調によって耳が飽きることをあらかじめ予防するためだった。この二つの新しさ、すなわち声を整える術と、語を一定の広がりの中に集める術を、彼らは詩から雄弁術へともたらさなければならないと考えた。それはまじめな作品である弁舌の許す範囲内においてである。」[6]

以下は二つ目で、イシドロスの起源についての本第一巻第二十章からの引用である。「さらに、最も有名な作家たちに見られる記号があり、古代人たちはその文章を区切るために詩行や散文物語にその記号を導入した。記号は一つ一つの語に対して文や詩行の規則的な配置を示すために文字のように置かれる特殊な印である。詩行の中に導入された記号の数は二十六であり、それは書かれた語の下にある。」[7]

私としては、キケロの時代によき写字生たちは語の区分とわれわれの句読点に相当するいくつかの記号を実践していたことが、以上の文章から見て取れる。また、散文の韻律と朗唱法の発明がイソクラテスに帰せられているのも見て取れる。しかし抑揚の書かれた記号はまったく見て取れない。見て取れたとしてもそこから一つのことしか結論づけられない。それについて私は議論しないし私の原理にまったく一致する。それは、ローマ人がギリシャ語を学び始めた頃、写字生たちはその発音を示すために、抑揚や息や韻律の記号を発明した、ということだ。しかしそれらの記号がギリシャ人の間で使われていたということにはまったくならない、彼らはそれをまったく必要としていなかった。

（2）デュクロ氏による『一般的論理的文法評注』[8]三〇ページ。

（3）イタリア人たちがたとえば動詞 è と接続詞 e を区別するのも同じアクサンによってであ

ると思われるかも知れない。しかし前者はより強くより強調された音によって耳で区別でき、それで記された「アクサン」は母音アクセントとなる。これはブオンマッテイ〔9〕が不幸にも書かなかった考察だ。

訳注

〔1〕 前六〇頃—前七以降。帝政ローマ初期の修辞学者、歴史家。

〔2〕 『フランス音楽についての手紙』(一七五三)において、イタリア語が歌に適しているのに対して、フランス語は適していない、とルソーは主張した。

〔3〕 プレヤッド版全集の注によれば、「何人かの学者」とあるうちの一人はデュマルセのことであり、デュマルセは『百科全書』に「アクサン」の項目を寄稿している。(デュマルセ Dumarsais、一六七六—一七五六は文法学者、修辞学者。『文彩論』*Traité des tropes*(一七三〇)の著者として有名。)

〔4〕 古代ローマの政治家、文筆家、哲学者、前一〇六—前四三。挙げられているのは『弁論家について』(前五五年)。訳文は底本の仏訳による。なお、この部分は大西英文訳『弁論家について』岩波文庫(下)、二二三—二二四ページに相当する。

〔5〕 古代ギリシャの修辞学者、前四三六—前三三八。

〔6〕 セヴィリャのイシドロス〔イシドールス〕、五六〇頃—六三六。中世初期の聖職者、神学者。セヴィリャの大司教を務めた。言及されている著作は『語源学』*Etymologiarum* のこと。

〔7〕引用原文はラテン語、訳は底本の仏語訳による。
〔8〕第五章に既出のデュクロの『ポール＝ロワイヤル文法評注』のこと。
〔9〕ベネデット・ブオンマッテイ、一五八一―一六四七、イタリアの文法学者。

第八章　諸言語の起源における一般的および地域的差異

私がここまで述べてきたことは原初的な諸言語一般とその持続に由来する進歩に適するが、その起源も差異も説明しない。それらを区別する主要な原因は地域的なものであり、諸言語が生まれる風土や諸言語が形成される仕方に由来し、南方の諸言語と北方の諸言語の間に見られる一般的で特徴的な差異をとらえるにはまさにその原因にさかのぼらなければならない。ヨーロッパ人の重大な欠点は、いつも自分たちのまわりで起きることをもとにして物事の起源について哲学することだ。彼らは必ず、原初の人間が不毛で荒れた土地に住み、寒さと飢えで死にそうになり、常に住居や衣服を手に入れることに熱心であったというふうに示す。ヨーロッパ人はどこでも、ヨーロッパの雪や氷ばかり見いだしてしまい、人類やほかの種が暑い国々で生まれ、地球の三分の二では冬がほとんど知られていないことを考えもしない。人々を研究するには自分の近くを見なければならない。しかし人間を研究するには自分の視線を遠くにやらなければならない。特徴を発見するにはまず差異を観察しなければならない。

暑い国々で生まれた人類はそこから寒い国々へと広がった。まさにその寒い国々で増殖しそれから暑い国々に逆流する。この作用と反作用から、地上の大変動や住民たちのたえざる動揺が生ずる。われわれの研究において、自然の秩序それ自体に従うように努めよう。私は非常にくり返し扱われてありふれたものになってしまった主題についての長い余談に入るが、人間の諸制度の起源を発見するためにはいやでもこの主題に立ち戻らなければならない〔1〕。

訳　注

〔1〕　社会制度や文化の違いを気候に由来するものとする論法は十八世紀ではよく見られるものであり、モンテスキューの『法の精神』がその好例である。

第九章　南方の諸言語の形成

原初の時代(1)において、地上に散らばっていた人間には、家族以外に社会はなく、自然の法以外に法はなく、身振りや分節されていないいくつかの音以外に言語はなかった(2)。彼らはいかなる共通の博愛の観念によっても結ばれておらず、力以外にいかなる審判者もいなかったので自分たちを互いに敵同士だと思っていた。その意見を彼らに与えていたのは彼らの弱さと無知だった。彼らは何も知らなかったので、すべてを恐れ、みずからを守るために攻撃していた。人類のなすがままに地上に一人で放置された人は猛獣だったにちがいない。彼は、他人から被る心配のある危害を自分から他人に加えようと身構えていた。恐れと弱さは残酷さの源泉である。

われわれにおいて、社会的な感情はわれわれの光明とともに初めて発達する。憐憫の情は人間の心に自然なものであるが、それを働かせる想像力がなければ永久に活動しないままだろう。われわれはどのようにして憐憫の情に感動させられるのだろうか。

想像でわれわれ自身の外に身を置くことによってである。苦しんでいる存在と同一化することによってである。その存在が苦しんでいると判断する限りにおいてわれわれは苦しむのだ。われわれが苦しむのはわれわれのうちにではなく、彼のうちにおいてだ。このように自分の身を置くことは、何と多くの後天的な知識を前提とすることか考えてほしい！　自分にとってまったく考えつかない痛みをどうして私は想像できるだろうか。その人が苦しんでいるということさえ知らなければ、そして彼と私の間に共通のものを知らなければ、他者が苦しんでいるのを見てどうして私も苦しむだろうか。考えたことのない人は寛大でも公正でも同情深くもありえない。そのような人は邪悪でも恨み深い人でもありえない。何も想像しない人は自分自身しか感じない。彼は人類のただ中で孤独である〔1〕。

思考は比較された観念から生まれ、まさに観念の多さによってそれが比較されるように仕向けられる。一つの対象しかない人は比較する必要がない。対象が少ししかなく、それが子供時代から同じであるような人は、まだ対象をまったく比較しない、というのはそれを見る習慣によってそれを吟味するのに必要な注意力がなくなるからだ。しかし新しい対象から印象を受けるにつれてわれわれはそれを知りたくなり、知られている対象の中にその新しい対象との関係を探す。まさにそのようにしてわれわれは目の前にあるものを検討するようになり、われわれにとって未知のものがわれわれを刺激するものを検討するように仕向けるのである。

以上の考えを原初の人間に適用してみれば、彼らの野蛮さの理由がわかるだろう。彼らは自分たちの周りにあるものしか見たことがなかったので、そのものさえ知らなかった。彼ら自身のことを知らなかった。彼らは父親、息子、兄弟の観念をもっていたが、人間の観念はなかった。彼らの小屋には同胞全員が入っていた。よそ者も動物も怪物も彼らにとっては同じものだった。彼らと家族以外、宇宙全体は彼らにとって何ものでもなかった。

そのことから諸国民の国父たちの間に見られる表面上の矛盾が生ずる。すなわち、非常に自然であると同時に非人間的であり、非常に獰猛《どうもう》な習俗と同時に非常に優しい心、家族に対する多くの愛情と人類に対する多くの嫌悪。彼らの感情は近親者の間に集中していたので、それだけ強かった。彼らが知っていたものはすべて彼らにとって大切だった。彼らは世界のほかの部分は自分たちには見えず、知らなかったのでそれに対しては敵であり、知ることができないものしか嫌わなかった。

そのような野蛮さの時代は黄金時代だった。それは人々が結びついていたからではなく、離ればなれだったからだ。一人一人が自分のことをすべての主人だと思っていた、とある人は言う。そうかも知れない。しかしだれもが、自分の手の届くものしか知らず、それしか望まなかった。各人の欲求は彼を同胞たちに近づけるどころか、同胞たちから遠ざけていた。人々は出会うと互いに攻撃しあったかも知れないが、めったに出会わなかった。いたるところで戦争状態が支配していたが、地球全体が平和だった。

原初の人間は猟師か牧人であり、耕作者ではなかった。最初の財産は家畜の群れであり、畑ではなかった。土地の所有が分配される前は、だれも土地を耕そうとは考えなかった。農業は道具を必要とする技芸である。収穫するために種をまくのは、先見の明を必要とする用心である。社会をなしている人間はみずからを拡散しようとし、孤立した人間は縮こまる。自分の目で見え、自分の腕が届く範囲外では、彼にとってもはや権利も所有もない。キュクロプス〔2〕が自分の洞窟の入り口に岩を転がしたら、家畜の群れも彼も安全なのである。しかし、法が不寝番をしてくれない人にとって、だれが収穫を守ってくれるだろうか。

カイン[3]は耕作者でノア[4]はブドウを植えたと言う人がいるかも知れない。それは当然ではないだろうか。彼らは孤独だったのだから、何を恐れる必要があっただろうか。それに、そのことは私にとってどうでもいいことだ。原初の時代というのが何のことか、すでに書いたのだから。カインは逃亡者となって農業を捨てざるをえなかった。ノアの子孫たちも流浪の生活を送ったのだから、農業を忘れたにちがいない。大地を耕す前に、住人を増やさなければならなかった。この二つのことを同時に行うのはむずかしい。人類の最初の拡散の間、家族がとどまって人間が固定した住居をもつまで、もはや農業はなかった。定住しない国民は土地を耕すことができない。かつて遊牧民がそうだったし、テントの中で暮らしていたアラビア人や荷車の中で暮らしていたスキタイ人たちがそうだったし、放浪するタタール人やアメリカの未開人たちが今でもそうだ。

一般的に、起源が知られているすべての国民において、最初の野蛮人たちは農耕民で穀食性であるよりは貪欲で肉食性であったことがわかる。ギリシャ人たちは大地を耕すことを教えた最初の人の名前を挙げているし、彼らはかなり遅い時期になってやっとこの技芸を知ったようである。しかし、トリプトレモス[5]以前は殻斗果《かくとか》〔クリやドングリなど」のみを食糧としていたと彼らが書き加えているのは、ありえないことで、自分たちの歴史によって否定されることを言っている。というのは、彼らはトリプトレモス以前は肉を食べていたのだ、トリプトレモスが肉を食べることを禁じたのだから。もっとも、彼らがこの禁止を大いに尊重したようには見えない。

ホメロスの饗宴では招待客をもてなすために、今日なら子豚を屠殺するように雄牛が屠殺される。アブラハムが三人の人に子牛を一頭供した〔6〕とか、エウマイオス〔7〕がオデュッセウスの夕食のために子ヤギを二頭焼かせたとか、リベカ〔8〕が自分の夫の夕食のために同様のことをした、と読むと当時の人たちがどんなに恐ろしい肉食家だったかわかるだろう。古代人たちの食事を想像するには、未開人たちの食事が今日なおどのようなものかを見さえすればいい。危うくイギリス人たちの食事、と言ってしまうところだった。

初めて食べられた菓子は人類の聖体拝領だった。人間が定住を始めた時、彼らは自分たちの小屋の周りでわずかな土地を開墾し、それは畑というよりは菜園だった。そこで収穫されたわずかな穀類は二つの石の間ですりつぶされ、それでいくつかの菓子が作られた。それは灰の下または消し炭や熱い石の上で焼かれ、饗宴の時にのみ食べられた。過越《すぎこし》の祭によってユダヤ人が祝ったこの古代の習慣はペルシャやインドで今なお保たれている。そこでは酵母のないパンだけが食べられ、薄片状のパンは食事のたびに焼かれ、食べられる。もっと必要になって初めて、人々はパンを発酵させるようになった。というのは少量では発酵はうまくいかないからだ。

族長たちの時代には早くも大規模な農業が見られることは知っている。エジプトの隣だったので早くからパレスチナにもたらされたにちがいない。〔『旧約聖書』の〕「ヨブ記」は存在するすべての本の中で最古のものかも知れないが、畑の耕作について語り、ヨブの財産のうちに五百つがいの雄牛を挙げている。このつがいという語によって、この雄牛が作業のために組にされたことが示されている。シバ人たちに奪われた時、[9]その牛たちが耕作をしていたことが明記されており、五百つがいの雄牛が耕すのはどれほどの国の広がりかわかる。

そういうことはすべて正しい。しかし時代を混同しないようにしよう。われわれが知っている族長の時代は、原初の時代からかなり離れている。人々が長生きしていたこの時代において、『聖書』はその二つの時期の間を十世代としている。人々はこの十世代の間、何をしていたのだろうか。われわれはそのことについて何も知らない。

散らばってほとんど社会なしに生きていたので、彼らはほとんど話さなかったし、どうして文字を書くことができようか、そして彼らの孤立した生活の単調さの中で、いかなるできごとをわれわれに伝えただろうか。

アダムは話していたし、ノアは話していた。よかろう。アダムは神自身によって教えられた。ノアの子供たちはわかれわかれになる際、農業を放棄し、共通の言語は最初の社会とともに滅んだ。バベルの塔がなかったとしてもそうなっただろう。無人島に孤立した人たちが自分の言語を忘れてしまったこともあった。たとえ共同の作業があり、自分たちの間で社会をなして生きていても、自国を離れた人たちが何世代もたってもともとからの言語を保っているのはめったにない。

世界という荒野の中に散らばった人々は、大地から生まれたらそのただ中に置かれるような愚鈍な野蛮さに再び陥った。このように自然な考えをたどれば『聖書』の権威と古代の遺物を両立させることは簡単であり、それをわれわれに伝えた諸国民と同じくらい古い伝承を作り話扱いする必要はなくなるのである〔10〕。

そのように獣同然の愚鈍な状態にあっても、生きなければならなかった。最も活動的で最も頑健な者たち、常に先に進む者たちは果実や狩猟によってしか生きられなかった。それ故彼らは猟師や乱暴で残虐な者になり、そして時とともに戦士、征服者、簒奪者《さんだつ》となった。歴史はその記録をこの最初の国王たちの罪で汚した。戦争と征服は人間の狩猟にすぎない。人間を征服したあと、彼らをむさぼり食うことしか国王たちに残されていなかった。まさにそのことを後継者たちはするようになった。

人間の大多数はそれほど活動的ではなく、もっと平穏であり、できるだけ早く止まり、家畜を集め飼い慣らし、人間の声に従順に従うようにし、家畜を食糧とするためにそれを見守り増やすことを覚えた。そのようにして牧畜生活が始まった。

人間の生業《なりわい》はそれを生み出す欲求とともに広がっていく。人間ができる三つの生き方、すなわち狩猟、家畜の世話と農業のうち、最初のものは人体を力、器用さ、走ることに鍛え、心を勇気と策略に鍛え、人間を頑強にし、獰猛にする。猟師たちの国は長期間狩猟の国ではなく、(3)獲物を遠くまで追わなければならず、そこから乗馬が生まれる。逃げていく同じ獲物を遠くで傷つけなければならず、そこから投石機、矢、投げやりなどの軽い武器が生まれた。休息と怠惰な情念を生む牧畜業は、最も自己充足する生業である。それはほとんど苦もなく人間に食糧と衣服を与え、住居さえ与える。最初の羊飼いたちのテントは動物の皮でできていた。箱船やモーゼの幕屋の天井もほかの布地でできていたわけではなかった。農業は生まれるのにもっと時間がかかり、すべての技芸の結果である。農業は所有、政府、法をもたらし、次第に極貧と罪をもたらす。それらは人類にとって善悪の学問と不可分のものである。それ故ギリシャ人たちはトリプトレモスを単に有用な技芸の発明者としてだけではなく、最初の規律や最初の法を与えてくれた創設者であり賢者と見なしていた。逆に、モーゼは農業の発明者を悪人として、その供物を神に拒絶させることによって、農業に対して非難の判断を下しているように見える。〔11〕最初の耕作者はその技芸の悪しき結果をその性格で予告していたかのようだ。「創世記」の著者はヘロドトスよりも先が見えていた。

先述の分類に、社会に関して考察された人間の三つの状態が対応する。未開人は猟師であり、野蛮人は羊飼いであり、社会人は耕作者である。

それ故技芸の起源を探求するにせよ、原初の風俗を観察するにせよ、すべてがその原理において生計を立てる方法に関連することがわかる。そして人間を集める方法については、風土と土地の性質によって決定される。それ故まさに同じ原因によって諸言語の多様性とその性格の対立を説明しなければならない。

温暖な風土、豊かで肥沃な国々は最初に人が住み着き、最後に国民が形成されたところだ。というのはそこでは人間は互いに相手なしで済ませることがよりたやすく、社会を生まれさせる欲求はより遅く感じられるようになるからだ。

地上に永遠の春を想像してみるがいい。いたるところに水や家畜や牧草地を想像してみるがいい。自然の手から出た人間がいったんそのただ中に散らばっているのを想像してみるがいい。人間たちが必要もないのに社会状態と不可分な隷属や仕事や悲惨さをみずからに押しつけるために、どうして原初の自由を放棄して、自然な無気力ぶり(4)にとても適している孤立した牧人の生活を離れたのか、私は想像できない。

人間が社交的になるように望んだ者は、地球の軸に指で触れ、それを宇宙の軸に沿って傾けた。この小さな動作のとたん、地球の表面が変わり、人類の使命が決まるのが見える。遠くに無分別な群衆の喜びの叫びが聞こえる。宮殿や都市が築かれるのが見える。技芸、法、通商が生まれるのが見える。諸国民が形成され、広がり、分解し、海の波のように相次ぐのが見える。人間たちがそのすみかのいくつかの地点に集まっているのが見える。それは互いにむさぼり合い、世界の残りを恐ろしい荒野にするためであり、社会的結合と技芸の有用さにふさわしい遺物だ。

大地は人間を養うが、最初の欲求が彼らを拡散させた後、別の欲求が彼らを寄せ集め、そしてそこで初めて彼らは話し、話の対象にもなるのだ。私が自己矛盾に陥っているように見えないようにするためには、私に説明の時間を与えてもらわなければならない。

人類の父たちがどのような場所で生まれ、最初の植民者はどこの出身で、最初の移民たちはどこから来たかを探れば、あなたは小アジアやシチリアやアフリカ、あるいはさらにエジプトの恵まれた風土を挙げないだろう。あなたはカルデア〔メソポタミア南西部〕の砂地やフェニキアの岩石を挙げるだろう。どの時代でもあなたは同じことを見いだすだろう。中国でいくら中国人が増えても、タタール人も住み着く。スキタイ人はヨーロッパとアジアにあふれた。現在、スイスの山々から私たちの肥沃な地方に植民者が常に移ってきており、それは絶える気配はない。

不毛な国の住民たちがそこを離れてよりよい国に住み着くのは自然だ、と人は言うだろう。[12] そのとおりだ。しかしなぜそのよりよい国はそこの住民でひしめくのではなく、ほかの人たちに場所を明け渡すのだろうか。不毛な国から出るには、まずそこにいなければならない。なぜとても多くの人たちが好きこのんでそこで生まれるのだろうか。不毛な国々は肥沃な国々の超過が住み着くだけのように思われるが、その反対だということがわかる。古代ラティウム〔イタリア中央西部、ローマ周辺の地域〕の諸国民は自分たちのことを土着民と称していたが、(5) それよりはるかに肥沃な大ギリシャ〔イタリア南部およびシチリアのこと〕には外国人しか住み着いていなかった。ギリシャの諸国民は自分たちの起源がさまざまな植民地にあると認めていたが、土地が最も悪い国民すなわちアッティカ〔アテナイを取り囲む地域〕人だけは別であり、その国民はみずからを先住民、あるいは自分自身から生まれた者と言っていた。最後に、大昔までさかのぼらなくとも、最近の数世紀が決定的な観察を提供してくれる。人類の製造所と言われた風土〔13〕ほど陰鬱な風土はこの世にあるだろうか。

人間の結びつきは大部分、自然の偶発事によるものである。異常な豪雨、海の漏出、火山の噴火、大地震、雷によって生じて森林を破壊する火事、ある国の未開の住民たちを恐れさせ、四散させたはずのあらゆることが、そののちには共同の損害を共同でうめあわせるために住民たちを再び集めたに違いない。古代において非常に頻繁に見られる大地の災いの伝説は、人間たちを接近させるために摂理がいかなる道具を使ったかを示している。社会が設立されてから、そのような大きな偶発事は止み、よりまれになった。それは今もなおそうであるにちがいない。散らばっていた人間を集めた同じ災いは、集まった人たちを四散させてしまうだろう。

季節の循環は、この変化にさらされている風土においては同じ結果をもたらす、より一般的で恒常的な原因である。住民たちは冬に備えて補給するために助け合う立場に置かれ、お互いに協約のようなものを設立することになる。外を歩くことができなくなって寒さの厳しさのせいで押しとどめられると、人々は欲求によってと同じくらい退屈によって結びつく。氷に埋もれたラップ人たちや、あらゆる国民の中で最も未開なものであるエスキモーたちは、冬は自分たちの洞窟に集まり夏には互いに知らないもの同士になってしまう。彼らの発展と光明を一段階高めれば、彼らは永久に結びつくだろう。

人間の胃も腸も生肉を消化するようにできていない。一般的には味覚も生肉にたえられない。先述のエスキモーだけは例外かも知れないが、未開人でさえ肉を焼く。肉を焼くのに必要な火の使用のほかに見た目の快さや体に心地よい暖かさが加わる。炎を見ると動物たちは逃げだすが人間は引き寄せられる(6)。人々は共同の炉の周りに集まり、宴を行い、踊りを踊る。習慣の甘美な結びつきは知らず知らずのうちに人間を同胞たちに近づけ、その粗野な炉の上には、人間性の最初の感情を人々の心の奥深くにもたらす神聖な火が燃えている。

温暖な国々では、不均等に散らばった水源や川が別の集合地点となり、水は火以上に人間に欠かせないものなのでその集合地点はなおさら必要である。特に家畜の群れを生活の糧としている野蛮人たちは共同の水飲み場が必要であり、最も古い時代の歴史によって、彼らの条約やけんかがまさにそこで始まったことが知れる(7)。水の便のいいことは河川の多い場所で住民の集まりを遅らせることがありうる。逆に乾燥した場所では井戸を掘ったり家畜に水を飲ませるために運河を引いたりするために協力しなければならない。そこではほとんど記憶にない大昔から人々が社会をなしているのがわかる。というのは、その国は荒野のままでいるか人間の労働によって住めるようになるか、のどちらかでなければならなかったから。しかし何事もわれわれの習慣に関係づけるわれわれの傾向によって、この点にいくつかの考察が必要になる。

地球の最初の状態は、人間の手によって飾られたり変形されたりしているこんにちの状態とはかなり違っていた。詩人たちが元素の中にあると考えた混沌は地球の産物に行き渡っていた。その遠い昔では、激変がしばしばあり、無数の偶発事によって地面の性質や土地の様子が変わり、樹木、野菜、低木、牧草などすべてが乱雑に生育していた。いかなる種も、自分に最も適した土地を占有してほかの種の生育を妨げるいとまはなかった。種はゆっくりと分かれ、そして激変が生じてすべてを一緒くたにしてしまうのだった。

　人間の欲求と土地の産物はとても関係が深いので、土地に人が住み着くだけですべてが存続する。しかし集合した人間がその仕事によって土地の産物の間に均衡のようなものをもたらす前は、産物すべてが存続するためには、現在は人間の手が維持している均衡を、自然だけで引き受けなければならなかった。自然は激変によってその均衡を維持したり回復したりしており、それは人間がその移り気によってその均衡を維持したり回復したりしているのと同様だった。まだ人間の間で猛威をふるっていなかった戦争が諸元素の間で猛威をふるっていた。人間は町を焼いたり鉱山を掘ったり木を伐採したりしていなかった。しかし自然が火山に火をつけ、地震を引き起こし、天の火が森林を焼いていた。一発の雷、一つの豪雨、一つの発散によって、今日では十万もの人間の腕によって一世紀でなされることがわずかな時間でなされていた[14]。そうでなければどのように体系が存続して均衡が保たれえたのか、私はわからない。有機組織をもつ二つの界〔植物界と動物界〕の中で、大きな種がしまいに小さな種を吸収してしまっただろう。[8] 地球全体が樹木と猛獣のみに覆われてしまっただろう。しまいにはすべてが滅んでしまっただろう。

水は地球を活気づける循環を次第に失ったのだろう。山々は荒廃して低くなり、川は土砂を押し流し、海は埋まって広がり、すべてが徐々に水平に向かっていく。人間の手がその傾斜を押しとどめ、その進歩を遅らせる。人間がいなければこの進歩はより速くなり、地球はすでに水面下になっているかも知れない。人間の労働以前には、不均等に配置された水源はより不平等に流れ、大地が肥沃になることはより少なく、住民たちが潤うこともより少なかった。川はしばしば近づけない状態で、その岸辺は切り立っているか、沼地だった。人間のわざによって河床にとどめられることがなかったので、川はしばしば河床から出て、右か左にあふれ出て、その方向や流れを変え、さまざまな支流に分かれた。ある時は川は水が涸《か》れ、ある時は砂州のせいで近づけなかった。川はないのと同じであり、人々は水に囲まれていながら渇きで死ぬのだった。

人間が大河から引き出した水路や運河によってやっと住めるような乾燥した国々がどれだけあるだろうか。ペルシャのほとんど全体がそのような工夫によってのみ暮らしている。中国はその多くの運河のおかげで人がひしめいている。オランダは、堤防がなければ海によって水没してしまうのと同様に、運河がなければ大河によって水没してしまうだろう。地上で最も肥沃な国であるエジプトは人間の労働によってのみ住めるのだ。川がなく、土地に十分な傾斜がない大平原では、井戸しか方策がない。それ故、歴史で言及される最初の諸国民が肥沃な国々か暮らしやすい岸辺に住んでいなかったのは、そのような恵まれた風土が荒野だったわけではなく、その数多い住民たちが互いに相手を必要とせず、自分の家族の中に孤立して意思の疎通もない状態でより長く暮らしていたのだ。しかし井戸によってのみ水が得られる乾燥した場所では、それを掘るために集まらなければならなかった、あるいは少なくともその使い方のために合意しなければならなかった。それが暑い国々での社会と諸言語の起源だったに違いない。

そこで家族の最初のきずなが形成された。そこが両性の最初の待ち合わせの場所となった。少女たちは家庭のために水を汲《く》みに来て、若者たちは家畜の群れに水をやりに来るのだった。そこで子供時代から同じ対象に慣れていた目は、より甘美なものを見始めた。心はその新しい対象に感動し、未知の魅力によって粗野でなくなり、一人ではないことの快感を感じた。水は知らないうちにより必要になり、家畜はより頻繁にのどが渇くようになった。人々は急いでそこに到着し、しぶしぶその場を離れた。時間を画するものが何もなかったその幸福な時代には、時間を計る必要は何もなかった。時間には楽しみと退屈以外の尺度はなかった。年月に勝った年老いたカシの木のもとで、情熱的な若者たちが次第に自分の野蛮さを忘れていくのだった。人々は互いに飼いならされていった。理解されようと努めることで考えを説明することを学んだ。そこで最初の祭が行われ、足は喜びで飛び跳ね、熱烈な身振りでは足りなくなり、声は情熱的な抑揚を身振りに添え、一緒くたにされた快楽と欲求が同時に感じられた。そこが諸国民の真の揺籃《ようらん》の場所であり、泉の澄んだ水晶から最初の愛の炎が出た。

何だって！　その時代以前、人々は大地から生まれていたのだろうか。両性が結ばれることなく、だれも理解し合わないのに世代が相次いでいたのだろうか。いや、家族はあったが、国民はなかったのだ。家族内の言語はあったが、国民的な言語はなかった。結婚はあったが、恋愛はなかった。各家族は自己充足し、自分の血のみによって生き続けた。同じ親から生まれた子供たちは一緒に成長し、少しずつ互いに考えを説明し合う方法を見つけていった。年齢とともに両性が識別されていき、自然な好意が両性を結び合わせるのに足り、本能が情熱の代わりとなり、習慣がえり好みの代わりとなり、人々は兄妹であるまま夫婦となっていた。(9) そこには舌をほぐすほど活発なものは何もなく、熱烈な情念の抑揚が制度になるほど十分に頻繁に引き出すものも何もなく、まれであまり差し迫ってはいない欲求についても同様のことが言え、何人かの人を共同の仕事に協力させうるほどのことはなかった。ある人が泉の池を作り始め、別の人がのちにそれを完成させ、しばしばまったく合意の必要もなく会うことさえ必要ではなかった。つまり温暖な風土、肥沃な土地では、住民が話し始めるのに快い情念の活気が必要だった。最初の諸言語は欲求ではなく快楽から生まれたので、長いことその源のしるしを保った。その魅惑的な抑揚は、それを生んだ感情が消え去ってそれとともに初めてなくなった。それは人々の間に新たな欲求が入り込んで、各人が自分のことしか考えず心を自分のうちに引っ込めるようになったときだ。

原　注

(1) 人類のどの年代にその時代を定めようと、私は人々が散在していた時代を原初の時代と呼ぶ。

（2） 真の言語は決して家族を起源としていない。言語を確立することができるのはより一般的で持続的な協約しかない。アメリカの未開人たちはほとんど自分たちの家の外でしか話さない。各人はその小屋で沈黙を守り、家族には身振りで話す。そしてその身振りはあまり多くない。未開人はヨーロッパ人ほど不安で短気ではなく、ヨーロッパ人ほど欲求が多くなく、自分でそれを満たすように気をつけているからだ。

（3） 猟師という職業は人口の増加に決して有利ではない。サン＝ドミンゴ島やトルチュ島〔いずれも西インド諸島の島〕に野牛猟師が住み着いていた時になされたこの考察は、北アメリカの状態によって確認される。人口の多いいかなる国民も、国父たちが狩猟を職業としていたことは決して見たことはない。そのような国父はみな農民か羊飼いだった。それ故狩猟はここで、生業《なりわい》というよりも牧畜業の補足と見なされるべきだ。

（4） 人間がいかに本来的に怠惰であるか、考えられないほどである。まるで、眠ったり、細々と暮らしたり、不動のままでいたりするためにのみ生きているかのようだ。餓死するのを防ぐのに必要な動作をする決心がほとんどできないくらいだ。この快い無為ほど、未開人たちを自分たちの境遇への愛にとどめるものはない。人間を不安で用心深く、活動的にする情念は社会の中でしか生まれない。何もしないことは、自己保存の情念に次いで人間の第一にして最強の情念である。よく見れば、われわれの間でさえ、まさに休息にたどり着くためにこそ一人一人が働いているのであり、まさに怠惰がわれわれを勤勉にしているのだということがわかるだろう。

（5）　先住民 Autochtones や土着民 Aborigènes といった名称は、その国の最初の住民たちが社会も法も伝統もない未開人であり、話す前に住み着いたということを意味しているにすぎない。

（6）　それを見るのに慣れその穏やかな暖かさを感じると、動物たちも人間同様、火を大いに喜ぶ。火は動物にとっても、少なくとも子供を暖めるためには、人間にとってと同じくらい便利かも知れない。しかし野生のものであれ家畜であれいかなる動物も、人間をまねてでも、火をつけるほどの器用さを得たと聞いたことがない。動物たちは考える存在であり、人間の前でつかの間の社会を形作る、と言う人がいる。しかしその知性は小石から火花を引き出して拾い集めることまでに達せず、あるいは少なくとも放置された火を保存することもできないのだ！　本当に哲学者たちはわれわれのことをばかにしている。彼らの著作を見れば彼らがわれわれのことを動物だと思っていることがよくわかる。

（7）　「創世記」第二十一章で誓約の井戸について、アブラハムとアビメレクの間で生じた両方の例を見られたい。

（8）　一種の自然な作用と反作用によって、動物界のさまざまな種はたえず揺れておりそれが均衡の代わりとなっていると主張する人がいる。それによれば、むさぼり食う種が食われる種の犠牲の上に増えすぎると、食糧を見つけられなくなり前者は後者が再び増えるのを待たなければならなくなる。そうして再び後者〔食われる種〕がもう一方に豊富な食糧をもたらし、後者はまた減少しその一方でむさぼり食う種が再び増える、というのである。しかしそのような振幅は私には決してありそうには思えない。というのはこの体系にはえさとなる種が増えてそれをえさとする種が減る時期がなければならない。それはいかなる理屈にも反しているように思える。

(9)　原初の男たちは自分たちの姉妹と結婚するほかなかった。原初の風俗の素朴さにおいて、この習慣は不都合なく行われ続け、家族が孤立したままの状態である限りはそうだったし、最古の国民が集まってからでもそうだった。しかしその習慣を廃止した法は、人間が制定したものだがそれでも神聖でないわけではない。その法が家族間に作り上げた結びつきという点からのみその法を見る人たちは、最も重要な側面を見ない。家族内の交流によって必然的にできる親しさにおいて、これほど神聖な法が心に語るのをやめ感官に認められなくなってしまえば、人々の間にはもはや礼節がなくなりこの上もなく恐ろしい風俗がやがて人類の破滅を引き起こすだろう。

訳　注

〔1〕　憐憫の情 pitié は『人間不平等起源論』では理性や社会的関係以前の人間における二つの原理の一つとされているが、ここでは他者との自己同一化を経なければならないとされて

おり、『エミール』第四編の記述により近い。

〔2〕ギリシャ神話に登場する一つ目の巨人。

〔3〕『旧約聖書』「創世記」第四章第二節。

〔4〕同、第九章第二十節。

〔5〕ギリシャ神話で、人類に農耕を教えた英雄。

〔6〕『旧約聖書』「創世記」第十八章第七節。

〔7〕『オデュッセイア』第十四歌、七二―八〇行。オデュッセウスの豚飼。ただし彼が出したのは子ヤギではなく、子豚。

〔8〕『旧約聖書』でイサクの妻。出典は「創世記」第二十七章第九節。

〔9〕アラビア半島南部、イエメン地方に住んでいた民族。

〔10〕このくだりはキリスト教的歴史観（特に『旧約聖書』で展開されている歴史観）との関係を配慮した記述でもある。十八世紀では、古代のギリシャ・ローマの神話はキリスト教的立場からは「伝説」や「作り話」fableとされ、逆に反キリスト教的立場からは『聖書』によって語られる歴史が「作り話」とされていた。教会との対立を避けるため、キリスト教的歴史観を尊重する姿勢を示す必要があった。

〔11〕『旧約聖書』「創世記」第四章。

〔12〕モンテスキュー『法の精神』第十八編第三章、野田良之他訳、岩波文庫（中）、一一八ページ。「人民が悪い地方を去って、より良い地方を探し求めるのは自然なことであ〔る〕。」

〔13〕 この表現は北欧を指しているらしい。モンテスキュー『法の精神』第十七編第五章にも見られる。前掲訳(中)、一一二ページ。

〔14〕 ここでルソーはビュフォンの『地球の理論』(『博物誌』第一巻、一七四九年)に依拠しているらしい。

第十章　北方の諸言語の形成

しまいには人間はみな同じようになるが、彼らの進歩の順序は異なる。自然が気前がいい南方の風土では欲求は情念から生まれるが、自然が吝嗇《けち》な北方の国々では情念は欲求から生まれ、必要の陰気な娘たちである諸言語には、その厳しい起源が感じ取れる。

人間は悪天候、寒さ、身体の不調、さらに飢えにさえ慣れるとはいえ、本性が屈する点がある。そのような残酷な試練に襲われて、弱いものはすべて死に絶える。残りのものはすべてさらに強まり、力強さと死の中間はない。それが北方の諸民族があれほど頑健である理由だ〔1〕。まず風土が彼らをそのようにしたのではなく、そのような者しか風土が認めなかったからであり、子供たちが父祖のよい体質を保ったのは驚くべきことではない。

人々が〔北方では〕より頑健で、より丈夫な器官をもち、声はより不快でより強いに違いないということがすでにわかる。その上、心の動きに由来する魅力的な調子と、身体的欲求によって引き出される叫びの間には、どれほど違いがあるだろうか。一年のうちの九ヶ月間、すべてのものが死に絶える恐ろしい風土、太陽が数週間だけ、住民たちにどのような利益を欠いているかを知らせ、彼らの悲惨さを長引かせるためにだけ空気を暖める恐ろしい風土、働かなければ大地は何ももたらさず、生命の源が心よりも腕にあるような場所では、人々は絶えず生活の糧をまかなうことに没頭し、より甘美なきずなのことをほとんど考えず、すべてが身体的な衝動に限られ、機会が選択となり、容易さがえり好みとなっていた。情念を養う無為は情念を抑圧する労働に取って代わられた。幸福に暮らすことを考える以前に、暮らすことを考えなければならなかった。お互いの欲求が感情よりもかなりうまく人々を結びつけ、社会は仕事によってのみ形成され、死ぬことの絶えざる危険のせいで身振り言語にとどまることができず、彼らのところでは最初の一言は「愛してください aimez-moi」ではなく「手伝ってください aidez-moi」だった。

この二語は比較的似ているが、かなり違う調子で発音される。感じさせるべきものは何もなく、すべてを理解してもらわなければならなかった。それ故、力強さではなく、明晰さが問題だった。心が与えてくれない抑揚に対して、強くてはっきりと感じられる分節が置き換えられ、言語の形態に何らかの自然な刻印があったとしても、その印象はその固さをさらに強める原因となっていた。

実際、北方の人たちは情念がないわけではなく、別種の情念をもっているのだ。暑い国々の情念は、恋愛と柔弱さに起因する官能的な情念である〔2〕。自然は住民にあまり多くのことをしてくれるので住民たちはするべきことがほとんどない。アジア人は女と休息があれば満足する。しかし不毛な土地で住民が多くを消費する北方では、多くの欲求に服従している人間は怒らせるのがたやすい。彼らの周りでなされることはすべて彼らを不安にする。彼らは苦労しなければ暮らせないので、貧しければ貧しいほどもっているわずかなものに執着する。彼らに近づくことは彼らの生命を侵害することだ。彼らを傷つけるあらゆるものに対して激怒にとても変わりやすいあの怒りっぽい気質はそこから来ている。そのように彼らの最も自然な声は怒りと脅しの声であり、その声には常に強い分節がともない、その声は固くて騒々しいものとなっている。

訳注

〔1〕『エミール』第二編にも次のような記述がある。「その上北方の諸国民と南方の諸国民を比べれば、極端な暑さよりも極端な寒さに耐える方が頑健になるのが常であるようだ。」O. C. IV, p. 374.

〔2〕住民の性質や風俗に対する気候の影響や南方の人間の柔弱さといったテーマもやはりモンテスキューの『法の精神』で扱われている。特に第十四編第二章、前掲訳(中)、二七ページ以降を参照されたい。

第十一章　この差異についての考察

以上が私の意見によれば原初の言語の特徴的な差異の最も一般的な物理的な原因である。南方の言語は生き生きとしてよく響き、抑揚に富み、雄弁で、しばしば力強さのあまり難解だったに違いない。北方の言語は音がこもっていて固くて分節が多く、耳障りで単調で、優れた構文よりも語彙《ごい》のおかげで明晰だったに違いない。近代の言語は何度も混ざり練り直されその差異の一部をまだ保っている。フランス語、英語、ドイツ語は互いに協力し合い互いに冷静に議論し合う人たち、あるいは怒っている激情家の私的な言語である。しかし神聖な秘儀を知らせる神々の使いや国民に法を授ける賢者たち、民衆を駆り立てる指導者たちはアラビア語かペルシャ語を話さなければならない(1)。われわれの言語は話すよりも書く方が引き立ち、聞くときよりも読むときの方が快い。逆にオリエントの諸言語は書いてしまうとその生命や熱を失ってしまう。意味は半分しか語に込められておらず、その力はすべて抑揚にある。オリエント人たちの精髄をその本から判断しようとするのは、死骸をもとにしてある人の絵を描こうとすることだ。

人々の行為を正しく評価するには、人をあらゆる観点からとらえなければならないし、それはわれわれが教わらないことだ。われわれがほかの人の立場に立つと彼らがそうであるはずの状態ではなく、われわれが変化を受けた状態〔1〕で身を置き、われわれが彼らを理性にもとづいて判断していると思っているときでも、われわれは彼らの偏見を自分たちのものと比べているだけだ。アラビア語を少し読めるからと言って『コーラン』に目を通して微笑を浮かべる人がいても、マホメットがみずから、その雄弁で律動的なこの言語で、心よりも先に耳を魅惑する響きのいい声で、しかも常に熱狂の抑揚で教えに魂を込めながら預言するのを聞いたならば、次のように叫んで大地にひれ伏しただろう。「神に遣わされた偉大な預言者よ、栄光や殉教に導いてください。私たちは勝利するか、さもなければあなたのために死にたいのです。」狂信は常にわれわれにとって滑稽に見えるが、それはわれわれの間では、人に理解してもらうための声をもっていないからである。われわれの狂信者たちさえ本当の狂信者ではなく、詐欺師や狂人にすぎない。われわれの言語には霊感を受けた人のための調子がなく、その代わりに悪魔に取り憑かれた人のための叫び声しかない。

原注

(1)　トルコ語は北方の言語である。

訳注

〔1〕　原文は tels que nous sommes modifiés で、感覚を通して外部から刺激や影響を受けることを指していると思われる。

第十二章　音楽の起源

最初の声とともに最初の分節あるいは最初の音《おん》が形成された。その違いはその双方のもととなった情念の種類による。怒りは舌と口蓋によって分節される脅しの叫びを引き出す。しかし愛情の声はより甘美であり、それに変化を与えるのは声門であり、その声は音《おん》になる。しかしその付随する感情によって、抑揚はより頻繁になったりまれになったりし、変化は高かったり低かったりする。そのように拍子や音《おん》は音節とともに生まれ、情念はすべての器官を語らせ、その輝きすべてをもって声を飾る。そのように詩句、歌、音声言語は共通の起源をもっている。上述の泉の周りでは、最初の弁舌は最初の歌となった。リズムの周期的で律動的な回帰、抑揚の旋律豊かな変化は、言語とともに詩と音楽を誕生させた、というよりその幸福な時代と幸福な風土ではそれらすべてが言語そのものだった。他人の協力を必要としていた差し迫った欲求は、心が生み出していたものだけだったのだ。

関　係〔1〕

最初の歴史、最初の演説、最初の法は韻文であった。詩は散文より先に発見された。それは当然だった、情念は理性よりも先に語ったのだから。音楽についても同様だった。最初は旋律以外に音楽はなく、音声言語の多彩な音《おん》以外に旋律はなく、抑揚は歌を形作り、音長は拍子を形作り、人は分節や声〔母音〕によってと同じくらい、音《おん》とリズムによって話していた。昔は語ることと歌うことは同じことだったとストラボン〔2〕は言っている。そのことは、詩が雄弁の源であることを示している、と彼はつけ加えている（1）。詩と雄弁は同じ源をもち、最初は同じものだった、と言うべきだった。最初の社会が結成された仕方から、最初の歴史が韻文にされ、最初の法が歌われたことは驚くべきことだろうか〔3〕。最初の文法学者たちは自分たちの学芸を音楽に従属させ、同時に両方の教師だったことは驚くべきことだろうか（2）。

それ故分節と声〔母音〕しかない言語はその豊かさの半分しかない。その言語はたしかに観念を表現するが、感情やイメージを表現するには、リズムと音《おん》すなわち旋律が必要である。それはギリシャ語がもっていたものであり、われわれの言語に欠けているものである。

雄弁と詩と音楽がギリシャ人たちの間で引き起こしていた効果について、われわれはいつも驚いており、その効果はわれわれの頭の中では整理されない。というのはわれわれはそのような効果を体験しないからだ。そしてその効果がそのようにたしかに実証されているのを見てわれわれが自分たちから得られることは、現代の学者たちへの気配りによって信じるふりをすることだけだ。(3) ビュレット(4)は、ギリシャ音楽の作品をいくつか、なんとかわれわれの音楽の音符に翻訳し、単純にもその作品を文芸アカデミーで演奏させ、アカデミー会員は辛抱強くもそれを聞いた。その音楽がほかの国民にとっては解読不可能な国においてこのような実験が行われたことには感嘆する。フランスオペラのモノローグを適当な外国人音楽家に演奏させてみなさい、何もわからないことは請け合いだ。しかし二千年前に音楽がつけられたピンダロス(5)の頌歌《しょうか》の旋律を判断しようとしていたのはその同じフランス人なのだ！

私は次のようなことを読んだことがある。昔アメリカでインディアンが火器の驚くべき効果をみてマスケット銃(6)の弾を地面から拾い、口で大きな音を立てながらそれを投げて、だれも死なないのですっかり驚いていた。現代の雄弁家、音楽家、学者たちはそのインディアンたちに似ている。驚くべきことは、ギリシャ人たちが彼らの音楽をもってしていたことを現代の音楽でわれわれができないことではなく、逆に、かくも異なる楽器で同じ効果がもたらされたら驚くべきことだろう。

原　注

（1）『地理誌』第一巻。〔7〕

（2）「アルキタスとアリストクセネスは、文法の学習は音楽の学習に含まれ、同じ人が両方を教えたと考えた。……エウポリスは、その作品に音楽と文芸を教えるプロダムスを登場させてその証言を確認している。そしてマリカスすなわちヒュペルボルスは、音楽のすべての部分のうち、狭義の文法しか知らないと告白している。」（クィンティリアヌス『弁論術教程』〔8〕第一巻第十章）〔9〕

（3）たしかに何事においてもギリシャ風の誇張を差し引かなければならないだろう。しかしあらゆる差異がすべて消え去ってしまうほど差し引いてしまえば、近代の偏見に譲歩しすぎることになるだろう。テラソン神父〔10〕は次のように書いている。「アンフィオン〔11〕やオルフェウス〔12〕の時代のギリシャ人たちの音楽が、首都から最も離れた町においても今日あるような事態にあったとき、その時まさにその音楽は大河の流れを止め、カシの木を引き寄せ、岩を動かしたのだ。音楽が非常に高い完成度に到達した今日では、音楽は非常に愛され、その美しさは深く知られるようにさえなっているが、何も動かさない。ホメロスの詩句についても同様だ。彼の後に登場した詩人に比べれば、彼は人間精神の子供時代の影響を感じさせる時代に生まれた詩人である。人は彼の詩句に夢中になったが、今日では優れた詩人の詩句を味わい評価するにとどめる。」テラソン神父にはときどき哲学があることは否定できないが、彼がそれを見せているのはたしかにこのくだりにおいてではない。

訳注

〔1〕この一語はルソーの原稿には章の題名のように欄外に書かれている。しかし章の番号はついていない。

〔2〕前六三頃—後二三頃に生きた地理学者、歴史家で、『地理誌』の作者。ストラボン『ギリシア・ローマ世界地誌』飯尾都人訳、龍渓書舎(Ⅰ)、四六—四七ページ。

〔3〕アリストテレス『問題集』第十九巻第二十八問には、歌と法が同じ語 nomos で指し示されることの理由が疑問として提起されている。

〔4〕Pierre Jean Burette 一六六五—一七四七。フランスの音楽家、医師。古代史、古代の体操や音楽に関する論文等を残している。

〔5〕前五二二または五一八—前四四二または四三八、古代ギリシャの詩人。

〔6〕十六、七世紀の銃のこと。

〔7〕前出のベルナール・ラミ『修辞学または話す技術』第一巻第十九章に引用されている。

〔8〕一世紀に生きたローマの修辞学者、教育家。引用箇所は森谷宇一他訳『弁論家の教育』第一巻、京都大学学術出版会、一一五―一一六ページに相当するものか。

〔9〕原文はラテン語、訳は底本の仏訳による。

〔10〕テラソン神父 Abbé Jean Terrasson、一六七〇―一七五〇、コレージュ・ド・フランスで古代ギリシャ・ローマの哲学を教えていた。

〔11〕ギリシャ神話中の人物。ゼウスとアンティオペの息子。詩人で音楽家であり、その音楽によって岩石を動かしたとされる。

〔12〕ギリシャ神話中の人物。音楽によって動物を魅惑したとされる。

第十三章　旋律について

人間は感覚によって変化をこうむる、だれもそのことを疑わない。しかし変化を区別しないのでその原因を混同してしまう。われわれは感覚に影響力を与えすぎると同時に過小評価してしまう。感覚はしばしば単に感覚としてではなく、記号あるいはイメージとしてわれわれに影響を及ぼすこと、そして感覚の精神的な効果には精神的な原因があるということにわれわれは気づかない。絵画がわれわれのうちで引き起こす感情は色によるものではないのと同様に、われわれの心に対する音楽の影響力は音の仕業ではない。よく釣り合いの取れた美しい色は視覚を喜ばせるが、その快楽は純粋に感覚的なものである。その色に生命や魂を与えるのはデッサンであり、模倣である。われわれの情念を揺り動かすのはその色が表現する情念であり、われわれを感動させるのはその色が表しているものである。関心と感情は色に由来するのではない。感動的な絵画の描線は版画でもわれわれを感動させる。その絵画から描線を取り去ってしまえば、色は何の作用も及ぼさないだろう。

まさにデッサンが絵画においてしていることを旋律は音楽においてしているのだ。まさに旋律が線や像を描くのであり、和音や音《おん》は色にすぎない。しかし旋律は音《おん》の連続にすぎないと言われるかも知れない。しかしデッサンも色の配置にすぎない。雄弁家は著作を記すのにインクを使う。インクはとても雄弁な液体だということだろうか。

デッサンの観念がまったくなく、多くの人たちが色を組み合わせ、混ぜ、配合することに一生を費やして自分が絵画に秀でていると思っているような国を想定してみよう。その人たちがわれわれの絵画について論ずれば、まさにわれわれがギリシャ人の音楽について論じているのと同じようになるだろう。その人たちに美しい絵画による感動や悲壮感あふれる主題について話せば、彼らの学者たちはすぐにその問題を掘り下げ、彼らの色をわれわれのものと比較し、われわれの緑色がより柔らかいかどうか、われわれの赤がより華やかであるか検討するだろう。〔その国の学者たちは〕どのような色の調和が人を泣かせうるか、ほかのどのような配合が人を怒らせうるか、考えるだろう。そしてその国のビュレットたちはわれわれの絵画の損なわれたいくつかの断片をぼろ切れに集めて、その色彩にどんなにすばらしいことがあるのか、驚いて自問するだろう。

もし近隣の国民において人が何らかの線、デッサンの始まりのようなもの、まだ不完全な図像を作り始めれば、それは下手な絵とされ、気まぐれで奇異な絵画とされ、趣味を保全するためとしてあの単純な美で満足するだろう。それは本当は何も表現しないのだが、美しい色調や、よく色を塗られた大きな板や、まったく線がなく長い色合いの推移を光らせるのだ。

そうして進歩を重ねてやっとプリズムの実験にたどり着くかも知れない。そうしてすぐに有名な芸術家がそれにもとづいて立派な体系を作り上げるだろう〔1〕。彼は次のように言うだろう。「皆さん、正しく哲学するためには物理的な原因にさかのぼらなければなりません。これが光の分解です。これがすべての原初的な色で、これがその間の関係、その比率であり、これが絵画による快楽の真の原理です。デッサン、表象、図像、などというすべての神秘的な語はフランスの画家による詐欺であり、感覚しかないことは知られているのに、彼らは彼らの模倣によって魂にわけのわからない感動を与えると称しているのです。彼らの絵画についてすばらしいことが言われますが、私の色合いを見てください。」

彼は次のように続けるだろう。「フランスの画家たちはたしかに虹を観察したかも知れません。彼らは色合いの趣味や配色法の本能をいくらか自然から受け取ったかも知れません。私は芸術の偉大な真の原理をお見せしました。芸術の原理ですって。すべての芸術、すべての学問の原理ですよ。色の分析とプリズムの反射の計算によって、自然にある唯一の正確な関係、すべての関係の規則が与えられます。ところで、宇宙ではすべてが関係にすぎないのです。つまり絵を描くことを知っていれば、色の組み合わせ方を知っていればすべてを知っているのです。」

このように推論するほど感情と趣味が欠けていて、絵画がもたらしてくれる快楽を愚かにもその芸術の物質的側面に限定してしまうような画家がいたらわれわれは何と言うだろうか。同様な偏見に満ちて、和声だけを音楽の偉大な効果の源泉と見なすような音楽家がいたらわれわれは何と言うだろうか。われわれは、前者には板張りに色を塗らせるだろうし後者にはフランスオペラを作らせるだろう。

つまり絵画は視覚に快いように色を組み合わせる術ではないのと同様に、音楽は耳に快いように音を組み合わせる術ではない。それだけなら、どちらも芸術ではなく自然科学のうちに含まれるだろう。絵画と音楽を芸術の地位にまで高めるのは模倣だけである。ところで絵画を模倣芸術にするのは何だろうか。デッサンである。音楽をもう一つの模倣芸術にするのは何だろうか。旋律である。

訳注

〔1〕 おそらく音楽の起源や原理はすべて和声にあると主張し、それを世界の原理とする体系を展開したラモーを念頭に置いたもの。

第十四章　和声について

音の美しさは自然のものである。その効果は純粋に物理的・身体的なものであり、それは音響体[1]と、無限にあるかも知れないそのすべての割り切れる部分[2]によって動かされる空気のさまざまな微粒子の協働によるものだ。全体は快い感覚を与えてくれる。世界の人はみな美しい音を聞くことを楽しむだろう。しかしその快楽がなじみ深く旋律豊かな変化に活気づけられていなければうっとりとするものにならず、悦楽になることは決してないだろう。われわれにとって最も美しい歌でもそれに慣れていない耳にとってはいつもあまり感動的ではないだろう。それは一つの言語であり、その辞書をもっていなければならない。

狭義の和声はさらに不利な状況にある。約束事による美〔人為的な美〕しか備えていないので、それに慣れていない耳をまったく喜ばせず、和声を感じて味わうには長い習慣が必要だ。田舎の人の耳には、われわれの協和音は雑音[3]にしか聞こえない。自然な比率が損なわれていれば、自然な快楽がもはや存在しないことは驚くべきことではない。

音《おん》は付随するすべての倍音〔4〕を含んでおり、それはその同じ音《おん》の最も完璧な和声を出すために相互間にもつべき強さと音程の関係においてである。そこに三度の和音や五度の和音、あるいは何らかの別の協和音をつけ加えてみれば、それはつけ加わるのではなく重複させているので、音程の関係をそのままにしておいて、強さの関係を変えているのだ。ほかの和音ではなく協和音を強めることによって均衡を崩しているのだ。自然よりもよくしようとしてより悪くなってしまうのだ。耳と趣味が誤解された人為によって損なわれているのだ。自然には、ユニゾン〔同音〕以外に和声はない。

ラモー氏は次のように主張している。ある程度簡潔な高音部は自然にその低音部を示唆し、耳がよい人なら練習をしなくても自然にその低音部を歌い始めるだろう。これは音楽家の先入見であり、いかなる経験によっても否定されている。低音部も和声も聞いたことのない人はその和声も低音部も自分で見つけることはできないだけでなく、それらを聞かせれば不快に感じ、単なるユニゾンの方をはるかに好むだろう。

音《おん》の関係や和声の法則を千年計算しても、いかにしてこの芸〔和声〕を模倣芸術にすることができるだろうか。その模倣と言われることの原理はどこにあるのだろうか。和声は何の記号なのだろうか。そして、和音とわれわれの情念の間にはいかなる共通点があるのだろうか。

旋律について同じ問いを発してみれば、答えはおのずと得られ、それはあらかじめ読者の精神の中にある。旋律は声の変化を模倣することによってうめき声、苦痛や喜びの叫び、脅し、うなり声を表現する。情念の音声的記号はすべて旋律の領域に属している。旋律は言語の抑揚や、各言語において心の動きに用いられる言い回しを模倣する。旋律は模倣するだけでなく語り、分節はないが生き生きとしていて熱烈で情熱的なそのことばづかいは音声言語そのものよりも百倍も力強い。音楽的模倣の力はまさにここから生まれるのである。感じやすい心を持つ人たちに対する歌の影響力はまさにここから生まれるのである。和声はある体系では〔その影響力に〕協働することができる。それは転調の規則によって音《おん》の連続をつなぎ、抑揚をより正確にし、その正確さの確実なしるしを耳にもたらし、音符に還元できない抑揚を協和し結びついた音程に近づけ固定化することによってである。しかし和声は旋律を束縛することによって旋律から力強さと表現力を奪い、旋律から情熱的な抑揚を消し去りその代わりに和声的な音程を置き、弁舌の調子の数だけ旋法があるはずの歌を二つの旋法だけに従わせ、その体系に収まらない無数の音や音程を消し去り破壊してしまう。つまり和声は歌と音声言語を非常に引き離してしまうので、この二つの言語は闘い妨害し合い、互いにいかなる真実の性格も奪い合い、悲壮な主題において不条理なしに結び合わせることができない。そこから、強くてまじめな情念を歌で表現することを民衆はいつも滑稽だと思うのである。というのは、われわれの言語ではその情念は音楽的な抑揚をもっておらず、北方の人間も白鳥も歌いながら死ぬのではないということを民衆は知っているからだ。

和声だけでは、和声だけをたよりにしているように見える表現にさえ不十分である。雷鳴、水のさざめき、風、雷雨は単なる和音によってはうまく表せない。どうしても、音《おと》だけでは精神に何も語らず、聞こえるためには事物が語らなければならず、いかなる模倣においても言説のようなものが自然の声を補完しなければならない。音《おと》によって音《おと》を表現しようとする音楽家がいるとしたら、間違っている。そのような音楽家は自分の芸術の弱みも強みも知らない。自分の芸術について、趣味も光明もなしで判断しているのだ。歌によって音《おと》を表現しなければならないこと、カエルを鳴かせるのなら歌わせなければならないことをその音楽家に教えよう。〔5〕というのは、模倣するだけでは不十分で、感動させ心を打たなければならない、そうしなければ彼の無愛想な模倣は何ものでもなく、だれの関心も引かず、いかなる印象も与えないだろう。

訳注

〔1〕原語は corps sonore で、共鳴を原理とするラモーの音楽理論の基本的な概念の一つ。「声、弦、管など、音を出すあらゆる物体」を指す。ダランベール『ラモー氏の原理に基づく音楽理論と実践の基礎』片山千佳子、安川智子、関本菜穂子訳、春秋社、二〇一二ページ。

〔2〕原語は aliquote で、もとは数学用語。この場合は和音を発生させるために弦などを分割した際のことを想定している。

〔3〕原語は bruit で、ルソーは音《おん》と単なる音《おと》を意図的に区別して使っている。

〔4〕原語は sons harmoniques で、ルソー自身の『音楽辞典』の項目 «Harmonique» によれば、「共鳴の原理によってある音《おん》にともないそれを記譜可能なものにする付随的で二次的な音《おん》はすべてこのように呼ばれる。」

〔5〕オペラ『プラテ』にカエルを登場させたラモーに対する批判とされている。

第十五章　われわれの最も強烈な感覚はしばしば精神的な印象によって作用するということ

それがわれわれの神経に引き起こす振動のみによって音《おん》を考えている限り、音楽の真の原理も、心に対する音楽の力についての真の原理も得られることはないだろう。旋律における音《おん》は単に音《おん》として作用するのではなく、われわれの情緒や感情の記号として作用する。〔1〕まさにそのようにして音《おん》はそれが表現していてわれわれがその像をそこに認める心の動きをわれわれのうちにかき立てるのだ。この精神的な効果の一端は動物においてさえ見られる。犬の吠《ほ》え声は別の犬の吠え声を引き起こす。もし私が猫の鳴き声をまねするのを私の猫が聞くと、猫が注意深くなり、不安で動揺するのがわかる。猫の同類の声をまねしているのが私だと気づくと、猫は再び座って静かにしている。どうしてこのような印象の違いが生ずるのだろうか、繊維〔神経〕の振動には違いがなく、猫自身も最初はだまされたのだから。

われわれの感覚がわれわれに対してひき起こす最大の力が精神的な原因によるものでなければ、野蛮人に対しては無であるような印象に対してなぜわれわれはかくも感じやすいのだろうか。われわれの最も感動的な音楽はカリブ人の耳にとってはうつろな騒音にすぎないのはなぜだろうか。カリブ人の神経はわれわれのものとは異質なのだろうか。なぜ彼らの神経は同様に振動しないのか、あるいは、なぜその同じ振動はかくもわれわれを感動させ、彼らの心を動かさないのか。

　音の物理的な効果の証拠として、タランチュラ〔2〕の刺し傷の快癒が挙げられる。この例はまったく逆のことを証明している。この虫に刺された人を治すには、絶対的な音も同じ節《ふし》も必要ではなく、その一人一人にとって知られた旋律の節《ふし》や理解できるフレーズが必要である。イタリア人にはイタリアの節《ふし》が、トルコ人ならトルコの節《ふし》が必要である。各人はなじみ深い抑揚によってのみ感動させられる。各人の神経は精神によって準備させられてはじめてその抑揚を受け入れる。各人が言われることによって動かされるには、各人が話される言語を理解しなければならない。ベルニエ〔3〕のカンタータ〔4〕は、フランス人の音楽家の熱を治したと言われるが、ほかの国の音楽家ならどんな国の人でも熱を出しただろう。

ほかの感覚器官でも、最も大まかなものでさえ、同じ違いを見いだすことができるだろう。ある人が同じ物体に手を置きまなざしを固定した場合、感覚器官が同じ印象を受けても、その物体について生きているあるいは生きていないと次々に思えば、印象にいかなる違いがあるだろうか。丸み、白さ、固さ、快い暖かさ、弾力のある抵抗感、相次いで生ずるふくらみだけで、その下で生命にあふれる心臓がどきどきと打ち、鼓動するのが感じられると思わなければ、快いが味気ない感触しか得られないだろう。

その知覚に精神的なものが何も混じらない感覚機能を私は一つしか知らない。それは味覚だ。それ故食い道楽は常に何も感じない人たちにおいてのみ支配的な悪徳である。

感覚の力について思索を巡らしたい人がいたら、われわれが感覚を通じて受け取るが感覚がその機会原因にすぎないような知的精神的な感覚を純粋に感覚的な印象から除くことから始めるがいい。その人は、感じられる対象に、それがもっていないか、それが表現する心の動きから得ている力を、その対象に与えてしまうという誤りを避けなければならない。色や音《おん》は表象あるいは記号としては大いに力があるが、単なる感覚の対象としては大したことはできない。音《おん》や和音の連続は一時的に面白いかも知れない。しかし私を魅了し感動させるためには、その連続が音《おん》でも和音でもなくそれ以上のもの、私の意志に反して私を感動させるものを与えてくれなければならない。快いだけで何も言わない歌も退屈である。というのは、耳が心に快楽をもたらすというよりも心が快楽を耳にもたらすからである。この考えをよりよく発展させれば、古代音楽に関する愚かな理屈をこねないで済んだだろうと思う。しかし精神のすべての働きを物質化し人間の感情からいかなる精神性も取り去ってしまおうとするこの世紀において、私の間違いでなければ、新しい哲学は美徳にもよき趣味にも有害になるだろう〔5〕。

訳　注

〔1〕　記号としての音楽については、『音楽辞典』の項目「音楽 Musique」にスイスの牛追い歌 Rans-des-Vaches の例が引かれ、音楽が「記憶の記号 signe mémoratif」として作用することが説かれている。

〔2〕　ヨーロッパに生息するクモの一種で、毒グモと言われていた。その刺し傷を治すにはタランテラという踊りを踊ることが有効とされていた。

〔3〕 Nicolas Bernier、一六六四―一七三四、フランスの作曲家。

〔4〕 独唱、重唱、合唱などからなる声楽曲の形式で、バロック時代に栄えた。

〔5〕 最後の一文は、当時の感覚論哲学、特に唯物論に対する批判。

第十六章　色と音《おん》の間の誤った類似性

芸術に関する考察の中で、物理的な観察はあらゆるばかげたことを招いた。音《おん》の分析において光の分析の場合と同じ比率を発見した人がいる。すると経験と理性にかまわずこの類似をすばやくとらえた人がいる。〔1〕体系の精神はすべてを混同させた。そして耳に対して描くことができなかったので目に対して歌おうとした人がいる。私は色で音楽を奏でようというあの有名なクラヴサン〔2〕を見た。色の効果はその持続性にあり、音《おん》の効果はその連続性にあるということを考えないのは自然の作用についてひどく無知であることだった。

色彩のあらゆる豊かさは一度に大地の表面に広がる。最初の一瞥《いちべつ》ですべてが見える。しかし見れば見るほど魅了される。あとは感嘆してたえず眺めるだけだ。

音《おん》については異なる。自然は音《おん》を分析せず、その倍音を分離しない。逆に自然はユニゾンの見かけのもとに倍音を隠してしまう。あるいは抑揚のついた人間の歌やいくつかの鳥のさえずりにおいて自然は倍音を分離することはあるが、それは相次いでおり、次々とそうなるのだ。自然は和音ではなく歌の霊感を与え、和声ではなく旋律を教え込むのである。色は生命のない存在の装いである。いかなる物質も色がついている。しかし音《おん》は動きを知らせ、声は感受性をもった存在を知らせる。歌うのは生命をもった存在だけである。フルートを吹くのは自動人形のフルート奏者ではなく、風を測定し指を動かせた機械技師である〔3〕。

このように一つ一つの感覚にはそれに独自の領野がある。音楽の領野は時間であり、絵画の領野は空間である。一度に聞こえる音《おん》を増加させたり、色を次々と展開したりしても、それはその構成を変えることである。それは耳の代わりに目を置き、目の代わりに耳を置くことである。

次のように言われるかも知れない。一つ一つの色が、それを生み出す光線の反射の角度によって決まるのと同じように、一つ一つの音《おん》は一定時間内における音響体の振動の数によって決まる。ところでその角度と数の比率は同じなので、類似性は明らかである。そうかも知れない。しかしその類似性は理屈の上でのことで、感覚の上のことではなく、問題はそうではない。まず第一に反射の角度は感知可能であり測定可能であるが振動の数はそうではない。空気の作用のもとに置かれた音響体は大きさや音《おん》がたえず変わる。色は持続するが音《おん》は消え去ってしまい、新たに生ずる音《おん》が消え去ったものと同じであるという確証はない。その上、一つ一つの色は絶対的で独立したものであり、それに対して一つ一つの音《おん》はわれわれにとって相対的であり比較によって初めて区別される。ある音《おん》はそれ自体では見分けられるようないかなる絶対的な性格もない。それはほかの音《おん》に対して低音か高音であり、強かったり穏やかだったりするが、それ自体ではそのいずれでもない。和声の体系ではある音《おん》は自然には何ものでもない。それはトニック〔4〕でもドミナント〔5〕でも倍音でもなく根音〔6〕でもない。というのはそのような性質はすべて関係にすぎず、体系全体が低音から高音まで変化しうるため、体系の度が変わるにつれて一つ一つの音《おん》は体系のうちで順序や位置が変わる。しかし色の性質は関係にあるのではない。黄色は赤や青にかかわらず黄色であり、どこでもそれは感知可能で識別可能であり、それを生み出す反射角を固定するだけでいつでも同じ黄色が得られるのは確実である。

色は色のついた物体の中にあるのではなく、光の中にある。あるものが見えるためにはそれが照らされていなければならない。音《おん》も媒介を必要としており、音《おん》が存在するために音響体が振動させられなければならない。それは視覚にとってもう一つの利点である。というのは天体からのたえざる発光は視覚に働きかける自然の器機であるのに対して自然だけではわずかな音《おん》しか発せず、天体の音楽《ハーモニー》〔7〕を認めない限り、和声を生じさせるためには生き物が必要である。

以上のことから、絵画の方が自然により近く、音楽の方がより人為によっていることがわかる。一方〔音楽〕がまさに人間を人間に近づけ、同胞のことを知らせてくれるので、より関心を引くことがわかる。絵画はしばしば死んでおり生命がない。絵画は人を荒野の奥深くに連れて行くことができる。しかし声による記号があなたの耳を打つと、それはあなたに似た存在がいることを知らせ、いわば魂の器官である。その記号は人気《ひとけ》のない場所も描くことができるが、あなたはそこで一人ではないと言ってくれる。鳥はさえずるが人間だけが歌い、歌や交響曲を聴くと、「ここには感受性をもった存在がもう一人いる」とすぐに必ず思わずにはいられない。〔8〕

聞くことができないものを描くことができるのは音楽家の大きな利点である一方、見えないものを表現することは画家にはできない。そして動きのみによって作用する芸術の驚異は動きによって安らぎの像さえ作ることができることだ。睡眠、夜の静けさ、孤独、静寂さえ音楽の絵画に含まれる。均一で単調な朗読を聞けば眠り込み、それが止むととたんに目が覚める時のように、音《おと》が静寂の効果を作り出すことができ、静寂が音《おと》の効果を作り出すことができるのは知られている。しかし音楽は、別の感覚によって引き起こすことができる感情と同様の感情をある感覚によって引き起こすことによって、より深くわれわれに対して作用する。そして関係が知覚可能であれば印象は強いので、この強さをもたない絵画は音楽が絵画から引き出す模倣を音楽に返すことはできない。自然全体が眠っていようとも、それを眺める者は眠っておらず、音楽家の芸は対象の感知不可能な像に対して、対象の存在が眺める者の心の中に引き起こす動きの像を置き換えることにある。音楽家は海を揺り動かし、火事の炎をかき立て、小川を流れさせ、雨を降らせ、急流を増水させるだけでなく、恐ろしい荒野のおぞましさを描き、地下牢の壁をより暗くし、嵐を静め、大気を静かで穏やかにし、オーケストラから林に新たな涼気を放つだろう。音楽家は事物を直接表現しないだろうが、事物を見て経験するのと同じ感情を心の中にかき立てるだろう。

訳注

〔1〕原語は l'esprit de système で、経験や理性に反する硬直した考え方を批判する際にこの時代ではよく使われた。
〔2〕カステル神父 Louis-Bertrand Castel(一六八八—一七五七)が発案した視覚クラヴサンのこと。視覚と聴覚を統合する試みとして十八世紀では大いに話題になったが、ルソーが本当にそれを見たかどうか不明。
〔3〕ヴォーカンソン Jacques Vaucanson(一七〇九—一七八二)が構想した自動人形のこと。
〔4〕『音楽辞典』の項目「トニック Tonique」によれば、「その上に調が作られる主要な弦の名前。」
〔5〕『音楽辞典』の項目「ドミナント Dominante」によれば、「調の主要な三つの音符のうち、トニックの五度上にあるもの。」
〔6〕原語は son fondamental で、『音楽辞典』によれば、「和音あるいは調の基盤となるもの。」これらの用語については、ダランベール前掲訳、関本菜穂子による解題、二一三ページ以降を参照。
〔7〕ピュタゴラスの学説を踏まえた表現。ピュタゴラスは、天体の運動によって音《おん》が生じ、天空はハーモニーを奏でると主張したとされる。
〔8〕この部分については、『音楽辞典』の項目「模倣 Imitation」や「オペラ Opéra」にも同

様の記述がある。

第十七章　みずからの芸術にとって有害な音楽家たちの誤り

すべてのことがいかにして前述の精神的効果に帰着するか、そして音の威力を空気の作用と繊維の振動という観点からのみ見る音楽家たちは、この芸術の力が何に存するのかということをいかにわかっていないかということをわかってほしい。彼らは、この芸術を純粋に身体的・物理的な印象に近づければ近づけるほどこの芸術をその起源から遠ざけてしまい、原初の力強さをそいでしまう。声による抑揚を離れて和声の制度に専念することで、音楽は耳にとってよりうるさくなり、心にとって甘美さをより失った。音楽はすでに語るのをやめてしまった。やがて音楽は歌わなくなり、そのすべての和音と和声全体をもってしてもわれわれに何の効果も及ぼさなくなるだろう。

第十八章　ギリシャ人たちの音楽体系は
われわれのものとは無関係であったこと

そのような変化はいかにして起こったのだろうか。諸言語の性格の自然な変化によってである。われわれの和声が中世の発明であることは知られている[1]。われわれの体系の中からギリシャ人の体系を見つけ出せると主張する人々はわれわれをばかにしている。ギリシャ人の体系は、われわれのいうところの和声的なところとしては、完全な協和音にもとづいて楽器の和声を固定するのに必要なものがあるだけだった。弦楽器をもっている国民はみな、協和音によってそれを調律せざるをえなくなるが、弦楽器をもたない国民は歌の中に、われわれの体系には含まれず、われわれが記譜できないので偽の抑揚と名づけている抑揚がある。それはアメリカの未開人の歌について指摘されたことであり、われわれの音楽に好都合な先入観を抑えてギリシャ人の音楽についての研究していれば、その音楽のさまざまな音程についても指摘するべきだったことだ。

われわれが音階〔2〕をオクターヴに分割するように、ギリシャ人はその音階《ダイアグラム》〔3〕をテトラコルド〔4〕に分割しており、彼らの場合、われわれにおいては同じ音《おん》がオクターヴごとに反復されるように、同じ分割が各テトラコルドで正確にくり返されていた。この類似は和声的旋法の統一性の中には保持できなかっただろうし、考えつかれることもなかっただろう。しかし話すときには歌うときより小さな音程を経るので、われわれが和声的な旋律においてオクターヴの反復を考えているように、ギリシャ人が声による旋律においてテトラコルドの反復を考えていたのは自然なことだった。

彼らはわれわれが完全協和音と呼んでいるものだけを協和音として認めた。彼らはこの数から三度や六度を除いた。なぜだろうか。それは、短調の音程は彼らに知られていなかった、あるいは少なくとも実践においては排除されており、協和音はまったく平均律化されてはいなかったので、彼らの長三度は一コンマ〔5〕分強すぎ、彼らの短三度は同程度に弱すぎた。それ故彼らの長六度と短六度も変調されていた。そこで、三度や六度を協和音から排除して、どのような和声の観念を持てるか、そしてどのような和声的な旋法を作れるか想像してみるがいい！　もしも彼らが認めていた協和音が真の和声感によって知られていたのなら、それらの協和音は少なくとも彼らの歌の下方に暗に聞こえていただろうし、根音の反復進行[6]が暗示する全音階的な進行の名前となっていただろう。われわれより協和音が少ないどころか、われわれより協和音が多かったのであり、たとえば、ドとソの低音部を気にかけて、ドとレの二度に協和音の名前を与えただろう。

しかし、次のように言われるかも知れない。なぜ全音階的進行なのだろうか。それは、抑揚があり歌うような言語において、われわれが最も便利な変化を選ぶように仕向ける本能によってである。というのは、協和音の大きな音程をたえず歌うために声門に施さなければならない強すぎる変化と、より小さな音程の非常に複雑な関係の中で抑揚を調節することのむずかしさの間で、器官は中間を採用し、協和音より小さくコンマより単純な音程に自然に行き着いた。それは、より小さな音程も、より悲壮感のあるジャンルにおいて用途があることを妨げなかった。

訳　注

〔1〕『音楽辞典』の項目「和声 Harmonie」にも同様の記述が見られる。

〔2〕原語は clavier であるが、次の注を見ればわかるように、diagramme と同じ意味で使われているらしい。

〔3〕『音楽辞典』の項目「ディアグラム Diagramme」に次のような定義が見られる。「それは、古代音楽において、ある体系のすべての音《おん》の全体的な広がりを目に示す表またはモデルであり、またはわれわれが今日 *Echelle*、*Gamme*、*Clavier* と呼んでいるものだ。」

〔4〕『音楽辞典』の項目「テトラコルド Tétracorde」の冒頭に次のような定義がある。「それは古代音楽において、音《おん》の特殊な秩序または体系であり、その両端の弦は四度の音《おん》を鳴らしていた。この体系はテトラコルドと呼ばれていた、というのはそれを構成する音《おん》は普通四つだったからだ。」

〔5〕近似的な高さをもつ二音間の微小な音程差。『音楽辞典』の項目「コンマ Comma」では次のように定義されている。「異なる数列によって同じ名前のもとで創り出される二つの音《おん》の間に、場合によっては存在する小さな音程。」

〔6〕原語は marches fondamentales。『音楽辞典』の項目«Fondamental»によれば、根音 son fondamental は「和音の土台となる」音《おん》である。

第十九章　どのようにして音楽は退廃したか

言語が改良されるにつれて、旋律は新たな規則をみずからに課してかつての力強さを少しずつ失っていき、音程の計算が抑揚の繊細さに取って代わった。たとえばまさにそのようにしてエンハルモニック類[1]は徐々に実践されなくなった。劇場が規則に定まった形態を取ってからは、決められた旋法でしか歌われなくなり、模倣の規則が増えていくにつれて模倣の言語は弱まっていった。

哲学の研究と推論の進歩は文法を改良し、最初は言語を歌うようなものにした活発で情熱的な調子を言語から奪ってしまった。早くもメナリッピデス[2]とフィロクセネス[3]の時代から、最初は詩人によって雇われていて、詩人のもとでのみ、いわば詩人の指図によって演奏していた音楽家たちは、詩人から独立した。フェレクラテス[4]の喜劇の中で音楽の女神が非常に痛切に嘆いているのはそのようなわがままであり、その喜劇はプルタルコス[5]がその部分を残してくれた。そのように旋律は言説に密着しなくなって、少しずつ独自の存在になり始め、音楽は歌詞からより独立したものになった。すると音楽が詩の抑揚と諧調にすぎなかった時に引き起こした奇跡も徐々に止んでいった。〔そして以前は〕音楽が情念に対する影響力を詩に与えていたが、その影響力は以後、ことばが理性に対して及ぼすだけになってしまった。それ故ギリシャがソフィストや哲学者で満ちてくると有名な詩人も音楽家も見られなくなった。説得する術を培うことで感動させる術を失ったのだ。プラトン自身、ホメロスとエウリピデス〔6〕に嫉妬して前者を非難し、後者をまねることができなかった〔7〕。

やがて隷従がその影響を哲学の影響に加えた。鉄鎖につながれたギリシャは自由な魂のみを活気づける火を失い、英雄たちを歌い上げた調子を、暴君たちを誉め讃えるために見つけ出すことはできなかった。ローマ人の混入は言語に残っていた諧調や抑揚を弱めた。よりこもっていて音楽性がより少ないラテン語は、それを採用した音楽に損害を与えた。首都で使われていた歌は少しずつ属州の歌も変質させた。ローマの劇場はアテナイの劇場にとって害になった。ネロが賞を受けていたとき、ギリシャは賞に値しなくなっており、二つの言語に分け与えられた同じ旋律は、どちらにもより適さなくなった。

ついに、人間精神が生んだ悪徳を取り除くことなく人間精神の進歩を破壊した大災害が生じた。野蛮人であふれ無知な者たちに服従したヨーロッパはその学問、技芸、その双方の普遍的な道具、すなわち諧調があり完成された言語を一度に失った。北方が生み出したその粗野な人間たちはすべての人の耳を少しずつ彼らの器官の荒々しさに慣れさせた。硬くて抑揚のない彼らの声は響きがなく騒々しかった〔8〕。皇帝ユリアヌス〔9〕はガリア人たちの話しぶりをカエルの鳴き声にたとえていた。彼らの声が鼻にかかっていてこもっていたのと同様に、分節は不快であり、彼らは歌に一種類の輝きしか与えられなかった。それは子音の多さと荒さを隠すために母音の音を強調することだった。

この騒々しい歌に器官の硬さが加わり、この新参者と征服され彼らをまねた諸国民は音を聞かせるためにすべての音の速度を落とすことを余儀なくされた。困難な分節と強調された音が相まって旋律から拍子やリズムの感情が一切なくなった。最も発音しにくいものは常に一つの音から別の音への移行だったので、一つ一つの音にできるだけとどまり、それをふくらませ、できるだけ破裂させる以上にいい方法はなかった。歌はやがてだらだらしていて甘美さも拍子も優美さもなくわめかれた、退屈でのろい音の連続にすぎなくなった。そしてラテン語の歌では長音や短音を守らなければならないと何人かの学者が言ったものの、少なくとも詩句を散文のように歌ったこと、脚やリズムや何らかの拍子をもった歌などはもう問題にならなかったことはたしかである。

歌はこのようにいかなる旋律も失い、音《おん》の強さと持続だけに存するようになり、協和音の助けによって音《おん》をさらに響きのよいものとする方法を暗示したに違いない。持続の特定されていない音《おん》をたえず引きずっていく何人もの声によって、いくつかの和音が偶然発見された。それは音を強めることによって快いものと思わせた。そのようにしてディスカント〔10〕や対位法が使われ始めた。

知られざる原理の知られた効果によって討議することになった無意味な問題の周りを、音楽家たちは何世紀の間巡っていたのか、私は知らない。この上なく辛抱強い読者でさえ、ジャン・ド・ミュリス〔11〕の著作において、オクターヴを二つの協和音に区切った音程の中で、低くするべきなのは四度の方なのか、五度の方なのかを知るために、八つも十も長い章の饒舌《じょうぜつ》が続くのには耐えられないだろう。そしてその四百年後にはボンテンピ〔12〕の著作において、五度ではなく六度を取るべき低音すべての、同じくらい退屈な羅列が見いだされる。しかし和声は分析によって定められた道を少しずつたどり、短調と不協和音の発明によって恣意性が導入され、恣意性は和声に満ち、偏見のみのせいでわれわれはそれが見えなくなっている(1)。

旋律は忘れられ、音楽家の注意はもっぱら和声に向けられ、すべてがこの新しい対象に向かった。類も旋法も音階も、すべてが新たな側面を与えられた。パートの進行を定めるのは和声の展開となった。この進行は旋律の名を横取りしたので、実際、この新たな旋律において母体の特徴を見いだせないはずはなかった。われわれの音楽体系は段階的に純粋に和声的なものとなったので、音声の抑揚が被害を受けるのも、音楽がわれわれにとってその力強さをほとんど失ってしまったのも驚くべきことではない。

このように歌は段階的にその源である音声言語とはまったく切り離された芸術となり、音《おん》の倍音は声の抑揚を忘れさせ、そして音楽は振動の協働の純粋に物理的な効果に限定され、二重の意味で自然の声だった頃に生み出していた精神的効果を失ってしまったのだ。

原注

(1) ラモー氏は、和声全体をその割り切れる部分における弦の共鳴という非常に単純な原理に還元し、短調と不協和音をいわゆる彼の実験に基づかせている。その実験とは、運動して音を発する弦はほかのもっと長い弦をその十二度と長十七度下で振動させるというものである。彼によれば、その弦はその全長において振動し震えるが、共鳴しないとのことだ。これは奇妙な物理学であるように思える。まるで太陽が輝いているのに何も見えない、と言っているかのようだ。

　より長いその弦は最も高音のものしか出さない。というのは弦が分割され、振動して同音で共鳴するのでその音がもとの弦の音に混ざり、音を出していないように見えるのだ。誤りは、弦がその全長において振動していると思ったことと、節《ふし》〔13〕を正しく観察しなかったことである。何らかの和声的な音程をなし、音を出す二本の弦は三本目の弦がなくても低音でその根音を聞かせることができる。それはタルティーニ氏〔14〕のよく知られており、確認済みの実験である。しかし単一の弦はその音以外に根音はなく、その倍数を共鳴させたり振動させたりせず、その同音と割り切れる部分だけを共鳴させる。音には音響体の振動以外の原因はないので、しかも原因が自由に作用すれば必ず結果を伴うので、振動と共鳴を分けることはばかげたことである。

訳注

〔1〕『音楽辞典』によれば、古代ギリシャ音楽の三つの類の一つ。
〔2〕前五世紀のギリシャの詩人、音楽家。
〔3〕前四三五―前三八〇、ギリシャの詩人、音楽家。
〔4〕生年不詳、没年前四二〇頃、ギリシャの喜劇作家。
〔5〕四六頃―一二六頃、ギリシャの作家、『英雄列伝』（『偉人伝』）の作者として知られる。プルタルコス著と伝えられる『音楽論』が存在するが、プルタルコスが書いたものかどうかは、かなり疑わしいとされる。
〔6〕前四八〇頃―前四〇六頃、ギリシャの悲劇作家。
〔7〕このくだりはプラトンの『国家』第十巻を踏まえたものである。
〔8〕コンディヤックの『人間認識起源論』にも同様に、ラテン語の特質の喪失をゲルマン民族の侵入の帰結とする文章がある。（第二部第一章第五節§五六、古茂田宏訳、岩波文庫（下）、八二―八三ページ）
〔9〕三三一または三三二―三六三、ローマ皇帝。なお、逸話はユリアヌス著『ミソポゴン』三三七cによる。ただし、訳者が参照した仏訳版ではカエルではなく「しわがれた鳥の鳴き声」となっている。
〔10〕『音楽辞典』の項目「ディスカント Discant」によれば、「昔の音楽における対位法の一

種」。

〔11〕　中世フランスの音楽学者、一二九〇頃―一三五〇頃。

〔12〕　一六三〇頃―一七〇〇頃。イタリアの作曲家、音楽学者。

〔13〕　原語は nœuds で、『音楽辞典』のその項目によれば、「振動させられる音響弦が振動する割り切れる部分に分かれる固定点を節《ふし》と呼び、その割り切れる部分は弦全体とは異なる音《おん》を出す。」

〔14〕　ジュゼッペ・タルティーニ、一六九二―一七七〇、イタリアのヴァイオリン奏者、作曲家、音楽理論家。『音楽辞典』に何度か登場する。（特に「体系 Système」という項目を参照のこと。）

第二十章　言語と政体の関係〔1〕

この進歩は偶然のものでも恣意的なものでもなく、事物の変転によるものだ。諸言語は当然、人間の欲求にもとづいて形成される。諸言語はその同じ欲求の変化に応じて変化し変質する。説得が公共の力の代わりとなっていた古代においては、雄弁は必要だった。公共の力が説得を代補している今日では、雄弁は何の役に立つだろうか。「これが朕の意志である」〔2〕と言うには、芸も文彩も不要である。今や、集まった民衆にどのような演説をすればいいのだろうか。説教である。そして演説をする者にとって、民衆を説得することに何の重要性があるだろうか、人を特権ある地位に就けるのは民衆ではないのだから。民衆の言語は雄弁と同じくらいわれわれにとって無用になった。社会は最終的な形態を取った。大砲と金貨をもってしないと何も変わらなくなり、「金を出せ」ということ以外に民衆に言うべきことがなくなったので、それは街角の張り紙か家々に入る兵士をもって言うのである。そのためには人を集める必要はない。むしろ臣民は散らばったままにしなければならない。それは近代政治の第一の格言である。

自由に好都合な言語がある。それは響きがよく、韻律や諧調に富み、とても遠くからでもその弁舌が聞き分けられる言語だ。われわれの言語は長椅子《いす》でのざわめきのためにできている。現代の説教師たちは聖堂で苦労して汗まみれになるが、彼らが何を言ったのか何もわからない。一時間叫んで疲れ果て、半死半生の状態で説教壇を後にする。たしかにそれほど疲れる必要はなかったのだ。

古代においては、公共の広場で簡単に民衆に聞いてもらうことができた。丸一日話しても気分が悪くなることはなかった。将軍たちは軍隊に演説をしていた。人々は彼らの話を聞き、彼らは疲れ果てることは決してなかった。歴史書の中に演説を入れようとした近代の歴史家たちは将軍たちに嘲笑された。ヴァンドーム広場でパリの民衆にフランス語で演説をしている人を想像するがいい。声を限りに叫んでも、叫んでいるのは聞こえるだろうが、一言も聞き分けられないだろう。ヘロドトスは自分の書いた歴史を屋外に集まったギリシャの諸国民に読んでおり、満場が拍手で鳴り響いていた。〔3〕今日では、公開集会の日に論文を読み上げるアカデミー会員の声は、部屋の奥ではほとんど聞こえない。広場でのいかさま師はフランスではイタリアほど多くないが、それはフランスでは聞く人が少ないからではなく、単により聞こえにくいからにすぎない。〔4〕ダランベール氏〔5〕はフランスのレチタティーヴォ〔6〕をイタリア風に朗唱できると考えている。それなら耳元で朗唱しなければならない、そうしないと何も聞こえないだろうから。ところで、集まった民衆に聞いてもらえないような言語はすべて奴隷の言語である。ある国民が自由であり続けてその言語を話すというのはありえない。

この表面的な考察は、より深いものを生み出しうるものであり、終えるに当たりそのきっかけとなったくだりを引用したい。

「ある国民の性格、風俗と利害関心がいかにその言語に影響するか、事実において観察し事例によって示すことは、かなり哲学的な考察の題材であるだろう。(1)」

原注

(1)　デュクロ氏の『一般的合理的文法』についての考察』一一ページ。〔7〕

訳注

〔1〕言語と政体の関係はコンディヤックの『人間認識起源論』第二部第一章第十五節§一四二―一四三でも触れられている。前掲訳(下)、一七九―一八〇ページ。
〔2〕原語は Tel est mon plaisir. アンシャン・レジーム期の勅令などの結びの文言。もちろんこのくだりはルソーによるフランス絶対王政批判の一環である。
〔3〕ヘロドトスが自著『歴史』をオリンポスの競技会の際に集まったギリシャ人の前で読み上げたという逸話は、モレリの『歴史大辞典』の項目「ヘロドトス」に記載されている。また、ルソーの『ポーランド統治論』第二章には、集まったギリシャ人にホメロスの詩が朗詠されたという記述がある。
〔4〕フランス語をはじめとする近代の言語が屋外での演説に向いていないことは『社会契約論』第三編第十五章にも書かれている。
〔5〕Jean Le Rond d'Alembert、一七一七―一七八三、フランスの数学者。音楽についての著作もあり、特にラモーの理論を解説した『音楽提要』(『ラモー氏の原理に基づく音楽理論と実践の基礎』春秋社)は有名。
〔6〕叙唱。オペラやオラトリオなどにおいて、語りに近い調子で歌われるもの。
〔7〕デュクロについては第五章に既出。ここに挙げられているのは『ポール=ロワイヤル文法評注』のことで、引用はその第一章にある。

解　説

執筆の経緯

『言語起源論』は長いこと執筆年代が確定されていなかった作品である。それはルソーの作品としてはめずらしく死後出版であることや、ルソー自身が自伝作品や手紙などにおいてこの著作についてまったく触れていないことが原因である。また、社会の起源についての記述が『人間不平等起源論』(『不平等論』)と異なっていることなどから、『不平等論』に先立つ、ルソーの初期の作品とする意見も、しばらく前までは根強かった。そのため、ほかの作品との関係やルソーの作品全体の中の位置づけなどの問題について、最近まで『言語起源論』は軽視されており、あまり論じられることはなかった。

しかし、デリダが『グラマトロジーについて』(1)において、『言語起源論』に関する研究史を踏まえつつ、『言語起源論』の執筆年代を検討して以来、この作品は初期の未熟な作品でもなく、公刊をあきらめた失敗作でもないことが定説になったと言っていい。

ルソーがこの作品を公刊する意志があったことは、序文の草稿が残されていることからもわかる。その序文では『演劇的模倣について』と『エフライムのレビびと』と一緒に一冊の本とする予定だったようである。（この版では『言語起源論』に関する部分だけを訳出してある。）公刊されなかった理由はむしろルソーが置かれていた状況にあるようである。一七六二年に『社会契約論』と『エミール』がパリとジュネーヴで断罪されて、ルソーは逃亡と流浪の生活を送ることを余儀なくされるが、それ以降、ルソーが生前に出版したのは『クリストフ・ド・ボーモンへの手紙』、『山からの手紙』といった自己弁護の文書、それに『音楽辞典』だけである。そのような状況を考慮に入れれば、生前に公刊されなかったという事実に特別な意味を与える必要はない。また、『ラモー氏によって提起された二つの原理の検討』*Examen de deux principes avancés par M. Rameau* の序文にあるように、ラモーに対して直接反論することを避けていたせいかも知れない(2)。

『言語起源論』の執筆の経緯は不明だが、その一端を示す痕跡はいくつかある。まず前述の序文だが、それによれば、『言語起源論』はもとは『人間不平等起源論』の断片だったが、長すぎるので削除されたものだという。そして『言語起源論』の成立過程を知る上で重要なのは、「旋律の起源」L'origine de la mélodie と呼ばれている草稿である。この草稿はヌーシャテル図書館に保管されており、一九七四年にロバート・ウォークラー[3]とマリ＝エリザベト・デュシェ[4]という二人の研究者によってほぼ同時に発表された。より正確に言えば、この草稿はもっと長い草稿の一部であり、ほかの部分は『ラモー氏によって提起された二つの原理の検討』の草稿となった。この「旋律の起源」という名称自体、ルソーがつけたものではなく、最近の全集に収録される際に使われる通称である[5]。この「旋律の起源」は音楽の起源の推定に始まり、後半部分のかなり多くが『言語起源論』後半の第十六章以降と重なることから、『言語起源論』の後半部分の原型となった可能性が高い。「旋律の起源」はおそらく一七五五年前後の草稿とされ、『人間不平等起源論』から『言語起源論』にいたる過程において重要な文書である。（ただし、それが『人間不平等起源論』から削除された「断片」そのものかどうかは断定できない。完成された作品ではないものの、かなり長い草稿であり、「断片」と形容できるようなものではない。）また、『エミール』第四編には『言語起源論』について言及したルソー自身の原注があり、しかも版によってはそれが『旋律の原理』という題名になっている。(6) その事実を見ても、『言語起源論』の執筆が『エミール』の執筆と並行して行われたことがわかる。また、「憐憫の情」や「記号の言語」に関する記述など、『言語起源論』と『エミール』が内容的に近い面もあり、『言語起源論』がルソーの主要著作とほぼ同じ時期（一七五〇年代後半から一七六二年前半にかけて）に書かれたことが推定される。

構成と論点

本書の構成も、読者を戸惑わせてきた要素の一つである。まず第一章から第七章まで言語の起源と変遷についての一般論が展開され、第七章から第十一章までが諸言語の地理的相違についてで、第十二章から第十九章までが音楽の起源と歴史、最終の第二十章が全体の結論のようについている。前半部分では言語が身体的な欲求ではなく情念から発生したことが主張され、原初の言語は情念の表出である抑揚に富んでいたとされている。第七章から第十一章までは南北における言語の起源の違いが論じられ、南方では穏和な情念から言語が生まれたのに対して、北方では身体的な欲求によって言語が生まれるため、原初の言語は分節が多く抑揚が少なかったとされている。第十二章以降は主として音楽の原理と変遷が論じられ、音楽は和声ではなく旋律によって模倣芸術となると主張されている。最後の第二十章では、言語の現状がそれまで論じてきた言語の変遷といかに関係しているかが論じられ、作品が結ばれる。

本作品では上述のように、起源の問題が三回も扱われ、そのため全体の一貫した構成や論旨が見えづらい面もある。そこでいくつかの論点を整理してみることにする。

欲求と情念

第一章は人間同士のコミュニケーション手段と言語の起源の問題を論じており、身体的な欲求を表現するだけなら身振りなどの視覚的な方法だけで済むはずで、音声言語は情念または精神的な欲求を表現するためのものだと主張されている。当時の教会の正統的な立場は言うまでもなく言語神授説であるが、それに対する反論としては身体的な欲求の表現として人間が自力で叫びや身振りから言語を発展させた、という意見が主張され、ルソーの同時代人であるディドロやコンディヤックなどにもそのような意見が見られる。ルソーの立場はそのどちらでもなく、身体的な欲求による言語の発明という立場に対する反論という性格が強い。『エミール』第四編で述べられているように、ルソーにとって社会関係の基盤は同胞に対する愛他的な感情であり、利己的な欲求ではない(7)。理論上の基盤を歴史の根源と一致させる論法それ自体はこの時代によく見られるものであり、『言語起源論』において感情や情念の役割が強調されているのもそのような事情からであると思われる。

声と歌

本作品において声が中心的な位置を占めているのもそのような論理によるものである。第一章において視覚言語の雄弁さを認めているので、一見それがルソーの言語論であるかのように思ってしまいがちであるが、声が人間独自の表現手段とされ、ルソーの言語論において中心的な位置を占めている。同時代の思想家たち(ディドロ、コンディヤックなど)が言語の起源について人間性と動物性の境界線をあいまいにしようとする傾向が強かったのに対して、ルソーは人間の言語は原初から独自のものであったという立場をとる。しかも彼はデカルトのように言語一般を人間独自の理性の表現(『方法叙説』第五部参照)とするのではなく、声と歌を人間独自の感受性の表現としてその言語論の根幹としている。そして声は母音の意味でも使われており、子音による分節と対になっている。第四章の訳注(4)にも書いたように、声＝母音／子音＝分節という対立自体は当時の言語論によく見られるものであるが、それを自然／人為という対立と重ねるのはルソー独自の論法のようである。

抑揚

抑揚も声と切り離すことができない重要な概念である。原語は accent だが、『言語起源論』ではこの多義的な語のさまざまな側面が区別なく使用されている。最も重要な役割を果たしているのは声の上昇下降という意味である。これは古代語(特にギリシャ語)の文法から受け継いだ概念であり、ルソーによれば、古代ギリシャ語ではアクセントは音程の上昇下降を伴っており、音楽と言語の境界は存在しなかった。そしてそれは人間の感情を表現するものであり、ルソーが想像する原初の言語において、人間同士を近づけ社会を創り出した感情の表現だったとされている。すなわちルソーによれば、原初の言語は歌であり、それに対して近代フランス語で使われているアクサンは単に母音の変化を示すだけで、本来の意味でのアクセント(抑揚)は存在しない。『エミール』第一編末尾近くでは「訛り(アクサン)はことばよりウソをつかない(8)」という文章が見られるが、これはフランス語の「アクサン」が「訛り」という意味でも使われることを踏まえて、都会(特にパリ)のフランス語が感情を隠すと批判するものである。

多様性

『言語起源論』の特徴の一つはその構成にあり、言語の起源と変遷が一度概観された後で南北での起源の違いが論じられている。言語の多様性は古代以来の問題だが、ここで注目するべきなのは、本書では言語が発展途中で多様なものになったのではなく、その起源からすでに多様なものとされている点である。言い換えれば、『言語起源論』では前半で情念による単一起源説が展開され、途中で原初的多様性の問題が論じられる、ということである。筆者の意見では、ルソーの政治思想との関連によるのではないかと思われる。『社会契約論』に見られるように、ルソーにとって、社会は原理上、構成員の主体的な契約によって形成されるべきものであり、それ以前は社会関係は存在しないはずである。実際、『社会契約論』初稿(いわゆる「ジュネーヴ草稿」)では、ディドロが書いた『百科全書』の項目「自然権」Droit naturel の批判という形を取りながら、個別の社会以前に想定されている「人類の一般社会」la société générale du genre humain の概念それ自体が否定され、その論拠として、そのような「一般社会」があるのなら人類共通の言語があるはずだ、と主張されている(9)。また、『エミール』第一編でも、人類に共通の言語があるとしたら、それは乳児の泣き声であると書かれている(10)。そのように見れば、ルソーは一方では情念という一つの原因による言語の発生を主張しつつ、他方では言語の原初的多様性を主張するという思想的な必要性があったのではないかと思われる。『言語起源論』の第九章では風土による情念や欲求の違いが論じられているが、細部を見れば論理に不整合な点があり、それは単一起源説と原初的多様性という異質な論理をつなぎ合わせようとした結果と理解できる(11)。

旋　律

旋律(メロディー)がルソーの音楽論の中で枢要な位置を占めていること、そしてその点でラモーと根本的に対立していたことはよく知られている。ラモーによれば、音響体(corps sonore、弦など音を発する物体)は和声を発し、それが音楽の起源と原理であるが、ルソーはそれに対して音楽の起源は人間の声による歌であるとしている。それればかりか、『言語起源論』で想像されている原初的言語は歌とことばの区別がなく、和声も文字表記も存在しなかった。ルソーにとって音楽の源泉は人間の情念であり、それは旋律となって現れる。だから原初の音楽には近代的な記譜法では表せないものが多く、ましてや音程の計算にもとづく和声論は本来の音楽とは無縁のものである。ルソーにとって和声は音楽性のない言語を話していた北方からの侵入者が発明したもので、音楽の基礎となりえないものである。ルソーとラモーの対立はルソーがデビューした当初から存在したわけではなく、ブフォン論争(12)などを経て徐々に深刻になっていったが、『言語起源論』にいたって初めて、ルソーは自分の音楽論に人間論的な基礎づけを与えたと言ってもいい。『フランス音楽についての手紙』(一七五三)においても言語と音楽の関係についての議論が展開され、言語の音楽性についてもイタリア語に優位が認められているが、まだ言語や音楽の歴史的変遷に関する理論は見られない。

感覚と感受性

旋律と和声の対立に関連して重要な点は、音楽の効果に関する議論である。ルソーにとって、音楽は単に聴覚の快感による芸術ではなく、人間的な感受性に起源をもつものであり、それに訴えかけるものである。音楽は快い音の連続ではなく、言語のように意味をもつものでなければならないのである。そのようにルソーの音楽論において、音楽は何重もの意味で言語との結びつきがある。音楽は声を起源とし、声で歌われ、言説の機能を果たすものである。このような理論において、言葉としての音楽は単に物理的な音と対立するだけでなく、動物的な叫びとも対立し、その人間性が強調されることになる。ルソーが人間同士の結びつきを表現する手段としての音楽という側面を強調するのはそのような意味である。

模　倣

十八世紀のフランスの芸術論は根本的には古代以来の模倣(ミメーシス)理論を受け継いでおり、ルソーもその枠内で音楽を論じている。ルソーにとって音楽も模倣芸術であるが、彼の独自性は、音楽は事物の模倣ではなく、人間の内面を模倣するものだ、と主張する点である。そして彼によれば、旋律は人間の感情を模倣するので芸術の手段として優れているが、和声にそのような機能はなく、模倣芸術の手段とはなりえない。音楽が沈黙をも描き、感受性をもった他者の存在を知らせるとルソーが書いているのは、このような文脈においてのことである。

歴史観

『言語起源論』の特徴の一つは言語や音楽の起源と変遷に重要な役割が与えられていることだろう。第九章において南方の言語の起源が取り上げられ、音楽と言葉が一致していた幸福な時代が歌い上げられる。ここで理想的な言語とされているのは、明確に言われていないが古代ギリシャ語である。そして音楽論が数章にわたって展開されたのち、言語と音楽の退廃が論じられている。ギリシャがローマ帝国に征服されて自由を失ったこと、さらにそのローマ帝国がゲルマン民族に征服されたことが言語と音楽の変遷にとって決定的なできごとであったことが述べられ、最後の第二十章はその変遷の最終局面として近代の社会における圧政と言語の退廃が批判されている。

ルソーの作品の中で

『人間不平等起源論』との関係

先述のように、『言語起源論』は歴史的な要素が重要であるが、ルソーの作品の中でやはり人類史を扱った『人間不平等起源論』との関係が当然問題となる。『人間不平等起源論』では社会関係のまったく存在しない自然状態が想定され、それが第一部を占めているが、『言語起源論』では自然状態に言及されることはなく、『不平等論』への言及もない。そこに矛盾があるかどうか議論されてきたが、[13]問題設定が異なるのであまり厳密な整合性を求めるのは無理があるように思われる。その点では、『不平等論』と『社会契約論』の間の整合性の問題にも通ずる面がある。それよりも考慮すべきなのは、『不平等論』の方法や歴史観が『言語起源論』を執筆する上でルソーにとって非常に重要な手掛かりとなったのではないか、ということである。ルソーの音楽関係の著作のうち、『不平等論』以前のものには『言語起源論』に見られるような歴史観は盛り込まれておらず、『不平等論』を執筆することによってルソーは『言語起源論』の方法を獲得したのではないかと推察できる。

『言語起源論』は、自然状態に関する『不平等論』との関係よりも人間論レベルで『エミール』と共通点をもっている。これもすでに指摘されていることだが、「憐憫の情」に関する記述は『不平等論』よりも『エミール』第四編の記述に近い。また、身体的欲求と情念を峻別《しゅんべつ》する点も『エミール』の二元論的な論旨展開に近い。ルソーが歌の起源とする情念はほかの作品で「精神的・道徳的感受性」と言われているもので、(14)感覚と感情の二分法に対応している。ルソーにとって、声、歌、抑揚などはそのような精神的・道徳的感受性を表す記号であり、自分の文体の雄弁さも自分の道徳性の証拠であるという自負がある。それ故、ルソーが声や歌をその音楽論の中心に置いているのは、単に芸術論の問題にとどまらず、彼の人間論や自己イメージと深く関わる問題である。

また、ルソーの『言語起源論』は同時代の言語論に対する反論という面ももっている。(15)十八世紀においては言語の起源に関する論考が多く、それは感覚論の立場から書かれたものが多い。『エミール』に見られるように、ルソーも認識論レベルでは大筋で感覚論を受け入れているが、道徳や宗教については感覚による認識では説明しきれず、感情の必要性を強調することになる。(そのような立場は『エミール』第四編の中核をなす「サヴォワ人助任司祭の信仰告白」における良心論に典型的に見られる。）ルソーが『言語起源論』において人間の言語が情念から生まれたと強調するのはそのような文脈と通ずると見るべきだろう。ルソーの論法としては（当時の一般的な論法でもある）、理念は起源と一致していなければならず、言語の起源は単に身体的な欲求や感覚であるとは認められず、人間の道徳的な行為の基盤が起源となっていなければならなかった。ルソーが特に反論の標的としたのはコンディヤックであろう。コンディヤックは唯物論者ではなく、思想的にはルソーに近い立場だったはずだが、コンディヤックはルソーのように感覚と感情を区別することはない。『不平等論』第一部でも言語の起源に関するコンディヤックの説によって言語の発明を説明することの不可能性が強調されているが、『言語起源論』では身体的欲求による言語の発生が否定されており、より原理的なコンディヤック批判が展開されていると見ることもできる。

音楽的著作の系譜の中で

他方、忘れられがちであるが、ルソーには思想的作品のほかに音楽関係の一連の作品がある。主なものを拾っただけでも、新しい記譜法を提案した『近代音楽論考』

Dissertation sur la musique moderne（一七四三）、『百科全書』の音楽関係の項目（一七四九年執筆）、前述の『フランス音楽についての手紙』*Lettre sur la musique française*（一七五三）、そして『音楽辞典』*Dictionnaire de musique*（一七六七）があり、小品や書簡を含めれば、音楽関係の著作は思想家としてのものよりも長い期間にわたっている。ただ、前述のように、初期の作品には音楽論の中で人間論や歴史観が展開されることはなく、音楽論と政治思想（人間論や歴史観を含めた広い意味での政治思想）の融合はルソーのキャリアの中で比較的遅い段階のことと思われる。その意味でも、『言語起源論』はルソーが自分の作品の中で音楽論と政治思想の融合をめざしていたことを示す象徴的な作品と言ってもいいだろう。

本訳書の刊行に当たり、岩波書店文庫編集部の林建朗さんに大変お世話になった。ここに謝意を表したい。また、この仕事の機会を与えてくださった中川久定先生にもお礼を申し上げたい。

京都にて、二〇一六年四月

増田　真

注

（1）J. Derrida, *De la grammatologie*, Minuit, 1967.『根源の彼方に――グラマトロジーについて』上・下、足立和浩訳、現代思潮社、一九七二・七六年。
（2）Rousseau, *O. C.* V, p. 347.
（3）R. Wokler, «Rameau, Rousseau and the *Essai sur l'origine des langues*», *Studies on Voltaire and the Eighteenth Century*, CXVII, 1974, pp. 179–238.
（4）M.-É. Duchez, «Principe de la mélodie et Origine des langues», *Revue de musicologie*, LX, 1974, n° 1–2, pp. 33–86.
（5）この草稿は白水社の『ルソー全集』には収録されていない。
（6）*O. C.* IV, p. 672.
（7）「サヴォワ人助任司祭の信仰告白」でも、身体的欲求は人間を拡散させるものとされている。*O. C.* IV, p. 600.
（8）*Émile*, l. I, *O. C.* IV, p. 296.

（9）*Du contract social ou Essai sur la forme de la République*（Manuscrit de Genève）, *O.* C. III, p. 284.

（10）*Émile*, l. I, *O.* C. IV, p. 285.

（11）この問題は次の拙論ですでに論じた。«La diversité originelle des langues et des sociétés dans l'*Essai sur l'origine des langues*», *Etudes Jean-Jacques Rousseau*, n° 2, 1988, pp. 97-109.

（12）フランス音楽とイタリア音楽の優劣に関する論争で、一七五二年前後にピークに達した。特にフランス派はリュリやラモーの悲歌劇（tragédie lyrique）を擁護し、イタリア派はペルゴレージなどの喜歌劇（オペラブッファ）を賞賛した。（ブフォン論争という名称もこのオペラブッファに由来する。）今から見れば異なるジャンルの比較をしているので論争としての価値を疑問視することはできるが、当時としては世論を二分する大論争であった。ルソーの『フランス音楽についての手紙』はそのような文脈の中で書かれ、フランス音楽擁護派から大いに反発を受けた。

（13）『言語起源論』の研究史については、C. Porset, «L'inquiétante étrangeté de l'*Essai sur l'origine des langues*: Rousseau et ses exégètes», *Studies on Voltaire and the Eighteenth Century*, vol. 154, 1976, pp. 1715-1758で詳しく論じられている。また、同氏の手によるSlatkine-Champion版の『ルソー全集』にも詳しい注や書誌が掲載されている。なお、『言語起源論』の小林善彦訳（現代思潮社、一九七六年）の解説でもこの問題に触れられている。

(14)　たとえば、『ルソー、ジャン゠ジャックを裁く――対話――』第二の対話、O. C. I, p. 805では、「身体的で器官的な感受性」と「能動的で精神的・道徳的な感受性」une sensibilité [...] active et morale があるとされ、後者は「自分以外の存在に愛着をもつ能力」と定義されている。

(15)　デカルトの生得観念を否定し、観念はすべて感覚経験から合成されるものだという立場で、イギリスのジョン・ロックの『人間知性論』(一六八九年)がその代表的なもの。十八世紀フランスの感覚論はロックのその著書の翻訳、移入に始まり、コンディヤック(一七一四―一七八〇)の『人間認識起源論』(一七四六年)や『感覚論』(一七五四年)がその代表的なもの。

言語《げんご》起源論《きげんろん》——旋律《せんりつ》と音楽的《おんがくてき》模倣《もほう》について
ルソー著

2016年8月17日　第1刷発行

訳　者　増《ます》田《だ》　真《まこと》

発行者　岡本　厚

発行所　株式会社 岩波書店
〒101-8002 東京都千代田区一ツ橋 2-5-5

案内 03-5210-4000　販売部 03-5210-4111
文庫編集部 03-5210-4051
http://www.iwanami.co.jp/

印刷・三秀舎　カバー・精興社　製本・中永製本

ISBN 978-4-00-336237-2　Printed in Japan

読書子に寄す

―岩波文庫発刊に際して―

岩波茂雄

真理は万人によって求められることを自ら欲し、芸術は万人によって愛されることを自ら望む。かつては民を愚昧ならしめるために学芸が最も狭き堂宇に閉鎖されたことがあった。今や知識と美とを特権階級の独占より奪い返すことはつねに進取的なる民衆の切実なる要求である。岩波文庫はこの要求に応じそれに励まされて生まれた。それは生命ある不朽の書を少数者の書斎と研究室とより解放して街頭にくまなく立たしめ民衆に伍せしめるであろう。近時大量生産予約出版の流行を見る。その広告宣伝の狂態はしばらくおくも、後代にのこすと誇称する全集がその編集に万全の用意をなしたるか。千古の典籍の翻訳企図に敬虔の態度を欠かざりしか。さらに分売を許さず読者を繋縛して数十冊を強うるがごとき、はたしてその揚言する学芸解放のゆえんなりや。吾人は天下の名士の声に和してこれを推挙するに躊躇するものである。このときにあたって、岩波書店は自己の責務のいよいよ重大なるを思い、従来の方針の徹底を期するため、すでに十数年以前より志して来た計画を慎重審議この際断然実行することにした。吾人は範をかのレクラム文庫にとり、古今東西にわたって文芸・哲学・社会科学・自然科学等種類のいかんを問わず、いやしくも万人の必読すべき真に古典的価値ある書をきわめて簡易なる形式において逐次刊行し、あらゆる人間に須要なる生活向上の資料、生活批判の原理を提供せんと欲する。この文庫は予約出版の方法を排したるがゆえに、読者は自己の欲する時に自己の欲する書物を各個に自由に選択することができる。携帯に便にして価格の低きを最主とするがゆえに、外観を顧みざるも内容に至っては厳選最も力を尽くし、従来の岩波出版物の特色をますます発揮せしめようとする。この計画たるや世間の一時の投機的なるものと異なり、永遠の事業として吾人は微力を傾倒し、あらゆる犠牲を忍んで今後永久に継続発展せしめ、もって文庫の使命を遺憾なく果たさしめることを期する。芸術を愛し知識を求むる士の自ら進んでこの挙に参加し、希望と忠言とを寄せられることは吾人の熱望するところである。その性質上経済的には最も困難多きこの事業にあえて当たらんとする吾人の志を諒として、その達成のため世の読書子とのうるわしき共同を期待する。

昭和二年七月

《音楽・美術》〔青〕

ベートーヴェンの生涯　ロマン・ロラン　片山敏彦訳
音楽と音楽家　シューマン　吉田秀和訳
モーツァルトの手紙 —その生涯のロマン　全二冊　柴田治三郎編訳
バッハの生涯と芸術　フォルケル　柴田治三郎訳
ドビュッシー音楽論集 —反好事家八分音符氏　平島正郎訳
レオナルド・ダ・ヴィンチの手記　全二冊　杉浦明平訳
ゴッホの手紙　全三冊　硲伊之助訳
ワーグマン日本素描集　清水勲編
河鍋暁斎戯画集　山口静一・及川茂編
うるしの話　松田権六
ドーミエ諷刺画の世界　喜安朗編
河鍋暁斎　ジョサイア・コンドル　山口静一訳
デューラー ネーデルラント旅日記　前川誠郎訳
デューラー 自伝と書簡　前川誠郎訳
蛇儀礼　ヴァールブルク　三島憲一訳
セザンヌ　ガスケ　與謝野文子訳
日本の近代美術　土方定一
迷宮としての世界 —マニエリスム美術　全二冊　グスタフ・ルネ・ホッケ　種村季弘・矢川澄子訳
日本洋画の曙光　平福百穂
江戸東京実見画録　長谷川渓石画　進士慶幹・花咲一男注解
映画とは何か　全二冊(既刊一冊)　アンドレ・バザン　野崎歓・大原宣久・谷本道昭訳
胡麻と百合　ラスキン　石田憲次・照山正順訳
建築の七灯　ラスキン　高橋枩川訳

《哲学・教育・宗教》〔青〕

ソクラテスの弁明・クリトン　プラトン　久保勉訳
ゴルギアス　プラトン　加来彰俊訳
饗宴　プラトン　久保勉訳
テアイテトス　プラトン　田中美知太郎訳
パイドロス　プラトン　藤沢令夫訳
メノン　プラトン　藤沢令夫訳
国家　全二冊　プラトン　藤沢令夫訳
プロタゴラス —ソフィストたち　プラトン　藤沢令夫訳
パイドン —魂の不死について　プラトン　岩田靖夫訳
アナバシス —敵中横断六〇〇〇キロ　クセノフォン　松平千秋訳
ニコマコス倫理学　全二冊　アリストテレス　高田三郎訳
形而上学　全二冊　アリストテレス　出隆訳
アテナイ人の国制　アリストテレス　村川堅太郎訳
弁論術　アリストテレス　戸塚七郎訳
詩学　アリストテレース／詩論　ホラーティウス　松本仁助・岡道男訳
動物誌　全二冊　アリストテレース　島崎三郎訳
物の本質について　ルクレーティウス　樋口勝彦訳
エピクロス —教説と手紙　出隆・岩崎允胤訳
生の短さについて　他二篇　セネカ　大西英文訳
怒りについて　他二篇　セネカ　兼利琢也訳
人生談義　全二冊　エピクテートス　鹿野治助訳
自省録　マルクス・アウレーリウス　神谷美恵子訳
老年について　キケロー　中務哲郎訳
友情について　キケロー　中務哲郎訳
弁論家について　全二冊　キケロー　大西英文訳
痴愚神礼讃　エラスムス　渡辺一夫訳

方法序説 デカルト 谷川多佳子訳
哲学原理 デカルト 桂寿一訳
精神指導の規則 デカルト 野田又夫訳
情念論 デカルト 谷川多佳子訳
知性改善論 スピノザ 畠中尚志訳
スピノザ エチカ（倫理学） 全二冊 畠中尚志訳
スピノザ 国家論 畠中尚志訳
君主の統治について —謹んでキプロス王に捧げる— トマス・アクィナス 柴田平三郎訳
エミール 全三冊 ルソー 今野一雄訳
孤独な散歩者の夢想 ルソー 今野一雄訳
人間不平等起原論 ルソー 本田喜代治 平岡昇訳
ルソー 社会契約論 桑原武夫 前川貞次郎訳
学問芸術論 ルソー 前川貞次郎訳
道徳形而上学原論 カント 篠田英雄訳
啓蒙とは何か 他四篇 カント 篠田英雄訳
純粋理性批判 全三冊 カント 篠田英雄訳
カント 実践理性批判 波多野精一 宮本和吉 訳

判断力批判 全二冊 カント 篠田英雄訳
永遠平和のために カント 宇都宮芳明訳
プロレゴメナ カント 篠田英雄訳
哲学入門 ヘーゲル 武市健人訳
歴史哲学講義 全二冊 ヘーゲル 長谷川宏訳
学問論 シェリング 勝田守一訳
人間的自由の本質 シェリング 西谷啓治訳
ブルーノ シェリング 服部英次郎 井上庄七訳
自殺について 他四篇 ショウペンハウエル 斎藤信治訳
読書について 他二篇 ショウペンハウエル 斎藤忍随訳
知性について 他四篇 ショーペンハウエル 細谷貞雄訳
唯心論と唯物論 フォイエルバッハ 船山信一訳
不安の概念 キェルケゴール 斎藤信治訳
死に至る病 キェルケゴール 斎藤信治訳
シュヴェーグラー 西洋哲学史 全二冊 谷川徹三 松村一人訳
世界観の研究 ディルタイ 山本英一訳
眠られぬ夜のために ヒルティ 草間平作 訳

幸福論 全三冊 ヒルティ 草間平作 大和邦太郎訳
悲劇の誕生 ニーチェ 秋山英夫訳
ツァラトゥストラはこう言った 全二冊 ニーチェ 氷上英廣訳
道徳の系譜 ニーチェ 木場深定訳
善悪の彼岸 ニーチェ 木場深定訳
この人を見よ ニーチェ 手塚富雄訳
プラグマティズム W・ジェイムズ 桝田啓三郎訳
宗教的経験の諸相 全二冊 W・ジェイムズ 桝田啓三郎訳
純粋経験の哲学 W・ジェイムズ 伊藤邦武編訳
ケーベル博士随筆集 久保勉訳編
デカルト的省察 フッサール 浜渦辰二訳
愛の断想・日々の断想 ジンメル 清水幾太郎訳
創造的進化 ベルクソン 真方敬道訳
笑い ベルクソン 林達夫訳
思想と動くもの ベルクソン 河野与一訳
道徳と宗教の二源泉 ベルクソン 平山高次訳
時間と自由 ベルクソン

岩波文庫の最新刊

峠 三吉
原爆詩集
「ちちをかえせ　ははをかえせ……にんげんをかえせ……へいわをかえせ」。自らも被爆者である作者が、戦争や原爆に対する激しい抗議と平和への強い決意を訴える。〔緑二〇六-一〕　本体四八〇円

鈴木大拙
浄土系思想論
伝統的な宗学によらず独自の立場から、阿弥陀の本願、他力の信心、名号を論じて、浄土の世界を明らかにする。大拙の浄土論を集成した代表作。（解説＝木村宣彰）〔青三二三-五〕　本体九七〇円

パスカル／塩川徹也訳
パンセ（下）
決定的な回心の経験を書きとめた『メモリアル』や、重要な断章を精選した『パンセ』アンソロジー、主要な刊本との対照表、用語集、索引等を収録。（全三冊完結）〔青六一四-四〕　本体一二六〇円

藤井淑禎編
漱石紀行文集
「満韓ところどころ」を始めとする満州、ロンドン、京都を巡る紀行文集。的確な観察眼と潑剌とした文章で描かれている。小品五篇を併せて収載。〔緑一一-一〇〕　本体七〇〇円

……今月の重版再開……

クセノフォーン／佐々木理訳
ソークラテースの思い出
〔青六〇三-一〕　本体九〇〇円

伊藤 整
小説の認識
〔緑九六-五〕　本体七四〇円

千葉俊二・坪内祐三編
日本近代文学評論選　明治・大正篇
〔緑一七一-一〕　本体九一〇円

千葉俊二・坪内祐三編
日本近代文学評論選　昭和篇
〔緑一七一-二〕　本体九五〇円

定価は表示価格に消費税が加算されます　　2016. 7.

岩波文庫の最新刊

横光利一
旅愁(上)
日本と西洋――対照的な文化・文明から紡がれる矢代と久慈の相克と懊悩。GHQによる検閲以前のテキストで読む未完の長篇。(解説＝十重田裕一)(全二冊)
〔緑七五―四〕 **本体一一六〇円**

中村健二訳
キーツ詩集
イギリス・ロマン派を代表する夭折の詩人キーツ。主要二詩集に、詩集未収録の拾遺詩篇を精選して収録。〈美の詩人〉の詩の多様な魅力にふれる一冊。
〔赤二六五―四〕 **本体一一四〇円**

九鬼周造
人間と実存
九鬼周造は、時間論、偶然性、「いき」の考察など、独創的な哲学を樹立した。多岐にわたる思索を凝縮した九鬼哲学への最良の入門書(注解・解説＝藤田正勝)
〔青一四六―五〕 **本体一〇七〇円**

ルソー／増田 真訳
言語起源論
―旋律と音楽的模倣について―

言語の本質は情念の表現にあり、音楽と言語の起源は同一であったと論じる。言語の起源と変遷、諸言語の地理的差異、旋律、和声の原理と歴史などが分析される。

〔青六二三―七〕 **本体五八〇円**

……今月の重版再開……

谷崎潤一郎
春琴抄・盲目物語
本体六〇〇円
〔緑五五―二〕

リョンロット編／小泉 保訳
フィンランド叙事詩
カレワラ(上)(下)
本体各一一四〇円
〔赤七四五―一・二〕

小島烏水／近藤信行編
山岳紀行文集
日本アルプス
本体九五〇円
〔緑一三五―一〕